JN087935

子どもを伸ばす 母親力の磨き方

阿部教育研究所　代表
阿部順子・著　若野ひとみ・漫画

1万年堂出版

はじめに

この本を手に取ってくださった皆さんは、今どのようなことでお悩みでしょうか？子育ての大変さは、段階によってちがいます。乳児期は昼夜を問わず世話をすることに追われて、目が離せません。ようやくオムツが外れ、食事もひとりでできるようになると世話の面では一段落するのですが、「ゲームがしたい！」「おもちゃ買って！」「遊びに連れていって！」など要求のレベルが上がります。要求を言うわりには大人のしてほしい準備や片付けなどはなかなかしてくれず、親は乳児期とはちがった大変さに見舞われます。そして、学童期になると生活面の世話に増して〝勉強〟が始まり、さらに子育ての難易度は上がっていきます。

勉強に積極的でない子どもに、怒ったり無理強いしたりすることで、子どもの自尊感情を低下させたり、親子関係を悪化させたりと、大きな損失を被ることもあります。とはいっても、やはり勉強はできた方がいいのです。

子どもとの関係を保ちながら、前向きに勉強させるにはどうすればいいのか、多くのお母さんが頭を悩ませています。

私は三十年にわたり、家庭教師や塾経営を通して、たくさんのお子さんや保護者と深く関わってきました。子育てに四苦八苦するお母さんの支えになりたいという思いで、出会ったお母さんと二人三脚で勉強と子育てのお手伝いをしてきました。

子どもだけでなく、お母さんの性格や個性もさまざまだということを目の当たりにし、机上だけでは学べない貴重な体験をさせてもらいました。

「辛い子育て」があれば「ゆったりした気持ちで向き合える子育て」もあります。家庭教師時代はもちろん、塾経営を行うようになってからも各家庭との関わりを大切にしてきたので、家庭によって環境や雰囲気は驚くほど異なるものだと実感しています。そうした経験で何より驚き、意外だったのは、どの親子も自分の家庭が「普通」だと思っていることでした。

家庭の差は、子どもの幸せに関わるとても大きな差でした。それは、親の子どもへの対応や子育てに対する思考のちがいによって起こります。親の気持ちや対応ひとつで、子どもとの関係や子どもの幸せは大きく変わるのです。

このような経験がなければ、私の今の子育て観は築かれなかったと思います。

けれども、子育てを始める前に子どもと接する機会がなかったり、教育関係の仕事に就いていても個人に深く向き合う経験がなかったりすれば、子育ての本質を知ることはできません。

そこで、私が見聞きした経験や、そこから学んだ子育てのコツ。そして、学習への円滑な仕向け方を、この書籍でご紹介したいと思います。

「日々、自分なりに努力をしているのに空回りしているような気がする」
「どうすればもっとスムーズに勉強させられるんだろう」
「子どもとの関係を良くしたい」

など、子育てには多くの不安や悩みがつきものです。

「みんな、どうしているんだろう」「自分は子どもの扱いが下手なのか」と、負の思いに駆られることがあるかもしれませんが、決してそうではありません。そもそも、この書籍を手にされているお母さんは、子どものことを真剣に考えている素敵なお母さんです。秘訣がわかれば、ストレスフリーな子育てが実現します。

「ゆったりとした気持ちで向き合える子育て」ができますよう、実際のエピソードをもとに、心を込めてたっぷりご紹介していきますね！

阿部順子

目次

PATISSTERIE

目次

5章　「幸せ母さん」になるための4つの秘訣

1章

子どもの個性って何？

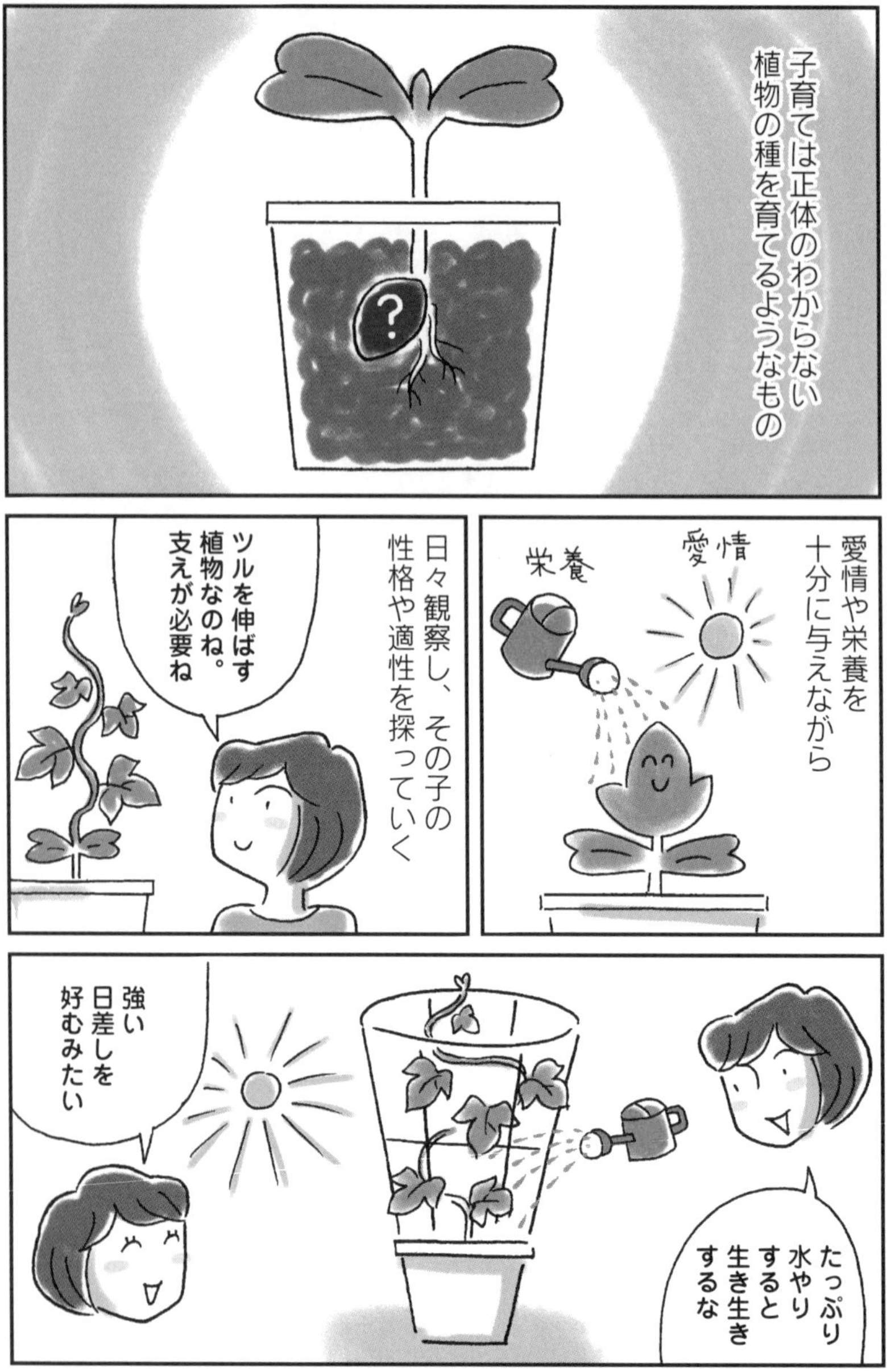

子育ては正体のわからない植物の種を育てるようなもの
?
愛情や栄養を十分に与えながら
愛情
栄養
日々観察し、その子の性格や適性を探っていく
ツルを伸ばす植物なのね。支えが必要ね
たっぷり水やりすると生き生きするな
強い日差しを好むみたい

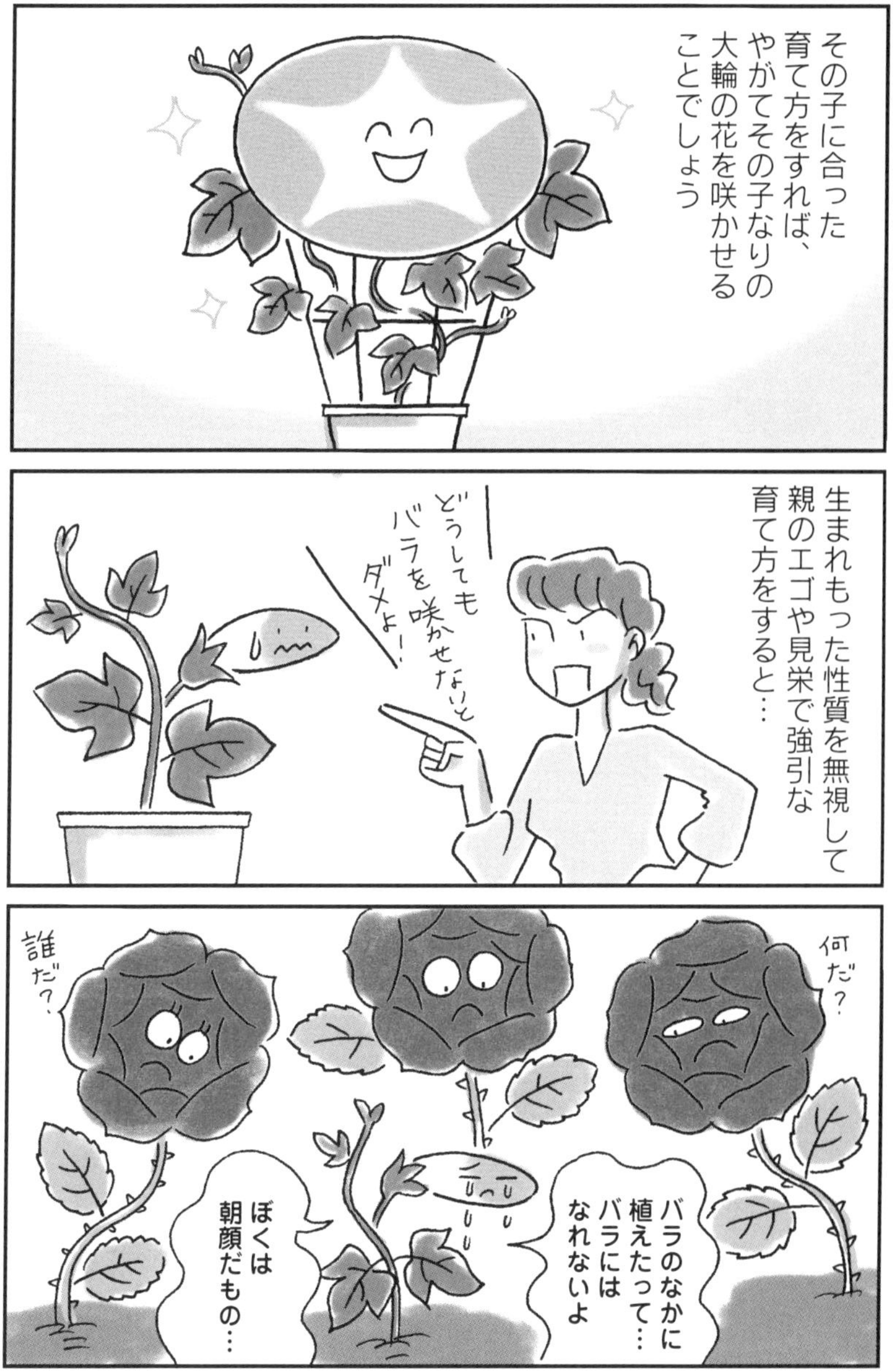
その子に合った
育て方をすれば、
やがてその子なりの
大輪の花を咲かせる
ことでしょう
生まれもった性質を無視して
親のエゴや見栄で強引な
育て方をすると…
どうしても
バラを咲かせないと
ダメよ！
何だ？
バラのなかに
植えたって…
バラにはなれないよ
ぼくは
朝顔だもの…
誰だ？

十分に育たないばかりか
花を咲かせる前に
枯れてしまうかも
しれない
咲く花もさまざまなら
咲くタイミングもさまざま
もう夏よ！
みんなもう
咲いてるわよ！
なんであんたは
咲かないの!?
早く!!
私は秋に咲く
コスモスだもん。
もう少し待ってよ！
子のために良かれと
思ってしたことでも
うまくいかない
ときもある
元気がない！
葉っぱもしおれてる。
どうしたの!?
でもよく観察していれば
様子の変化に気づくはず

場合によっては
プロの力も借りて
失敗を認め反省したり
軌道修正したりすれば…
先生、カウンセラー
お医者さんなど
プロ
土が合わなかったようですね
無理させていたのね。ごめんね
うん…
力強い生命力でやがて
元気を取り戻す
ことでしょう
お子さんひとりひとりが
大輪の花を
咲かせられますように

子どもの個性は遺伝？　それとも偶然？

子どもの個性を「花」にたとえて表現しました。生まれもった個性というのは実にさまざまで、よくいわれていることですが、同じ親から生まれたきょうだいであっても性格や能力がちがいます。子どもの個性によって、または、親子の相性によっては子育てが難しいものになり、心配が尽きないかもしれません。

大切なのは、**その子に合った対応や環境を整え、あれこれ工夫をしてみること**です。先ほどの漫画でいえば、「ツルを伸ばすタイプの植物には支柱を立てる」という発想です。

けれども、こう育ってほしいという親の願いや期待が強過ぎると、子どもの個性を否定し、枯らしてしまうことも……。枯らしてしまうとは、傷つけたり、可能性を潰したり、親子のトラブルに発展してしまったりすることを意味します。

私はこれまでに、自信のない子、勉強が嫌いな子、やる気のない子、人嫌いな子、不満を抱えた子、歪んでしまった子など、さまざまな個性をもつお子さんに対して、観察→考察→工夫→実行→観察→考察→工夫……を繰り返しながら指導してきました。つまり、観察し、その子に何が必要かを考え、工夫を編み出し、対策を行い、再度観察するといった繰り返しで改善を図ってきたのです。

子どもに合った環境を与え、適切に対応すれば、どの子も必ず大輪の花を咲かせることでしょう。

幼児期のちがいについて

生まれたばかりの赤ちゃんには、まだ性格の差がないように見えます。しかし、成長するにしたがって個性という「芽」が顔を出し、幼児期にもなると、その個性は顕著に表れるようになります。

また、個性だけでなく、内気な子、社交的な子、我慢強い子、負けず嫌いな子など、性格にも色濃くちがいが出てきます。

学童期（小学1年生～4年生頃）のちがいについて

学校に通うようになると勉強が始まり、個性の差も細分化されていきます。

忍耐力

家庭教師の生徒だったHちゃん（当時4年生）は、難問を考えるのが大好きで、長いときは30分近くひとりで考えていました。指導時間がもったいないので、時折、声をかけますが譲らず、答えが出るまで粘ります。宿題としてやってほしくても、ひとりだとやろうとしません。両親はそれでも構わないとのことで、何とも複雑な気持ちで過ごしていました。

けれどもHちゃんは一度やった問題はよく覚えているので、あとになってメキメキと成績が伸びていきました。

一方で、考えることが苦手で、単純な問題でもすぐに答えを求めてくるお子さんもいます。楽しいクイズ形式などを利用して少しでも粘れるよう工夫を凝らしますが、そもそも「じっくり考える」ということが好きではないのです。考えることができるか否かということが忍耐力として表れます。

勤勉さ

勤勉さについても個人差があります。数時間、休憩抜きで指導をしてもスッキリとした表情の子もいれば、10分もすると疲れて飽きてしまう子もいます。

また、出された課題に勤勉に取り組める子と、コツコツやるのが苦手な子がいます。

もうできない
やーめた！
むずかしいけど
完成させるぞ〜！
小2
大人用
ジグソーパズル
年長向き
めいろ
300 peace

過去に、「努力して結果が悪ければ仕方ないけれど、努力しないのは許せない」という親御さんがいました。気持ちはよくわかります。しかし、勤勉さも個性として受け入れると、親も子も楽な気持ちでいられるのではないでしょうか。

暗記力

暗記力には、特に個人差があります。一度読むだけで頭に入って長期間忘れない子もいれば、時間をかけて一生懸命覚えてもすぐに忘れてしまう子も。その差は、知識の山をショベルカーで削り取っていくのと、小さなシャベル

ですくっていくほどの大きなものです。

性格

性格も、勉強を上手に進める上での大きな要素になります。誰とでもすぐに打ち解けられる子は、先生との関係を早期に築いてスムーズに進めていけますが、なかなか人と馴染めない子は、うまく回りだすまでに時間がかかることがあります。また、素直に人の意見を受け入れられる子は、早く習得できます。

知的関心

同じ取り組みに対して興味をもつ子もいれば、そうでない子もいます。どのジャン

こうすると簡単だし
ミスも減るよ！
素直
なるほど
頑固
自分のやり方で大丈夫です

ルに興味をもつかは、人それぞれなのです。知的関心の高い子どもは幼児であっても図鑑を読み漁り、親が意図せずも知識をたくわえていきます。

以前、経営していた塾に3年生の男の子と両親が訪ねてきました。お父さんの話では、子どもの天体への関心を深めるために家族でオーストラリアに出かけ、日本では見ることのできない南十字星を観察したそうです。そのような取り組みをしても息子はまったく興味をもたないということで、はじめて会う私を前にして子どもを叱責していました。しかし、子どもは困り顔。

ブラックホールの
撮影に成功
しました
へえ
すごーい
どうでもいい
ドラえもん
見たい！
←小4
小1→

子どものために親ができることをするのは素晴らしいことだと思いますし、それによって興味の芽が出ることもありますが、すべての子どもが関心をもつわけではありません。

学力を左右する資質とは

ＩＱ（ウィスク）が高ければ成績が良いとは限りません。学力を左右する資質は、ＩＱだけではないからです。

たまに、ＩＱで高い数値が出たので、成績が良くて当然と考える方がいます。ＩＱが高いことはひとつの大切な要素ではありますが、それが学力を支える資質のすべてではありません。

息子よ！あれが南十字星だ！
感動でしょ？
どこ？ただの星じゃん

ＩＱでわかるのは主に、言語理解、知覚推理、ワーキングメモリー、処理速度。

また、ＩＱの数値に間接的に影響を与えるのが

・集中力
・忍耐力
・勤勉さ
・注意力
・やる気
・性格

その他の資質として、

・知的興味
・要領
・精神年齢
・応用力（柔軟性）

・勉強することが好きか嫌いか

などの要素があげられます。実際の例をあげると、ＡさんはＩＱが高かったのですが、コツコツやることが苦手だったため成績は思わしくありませんでした。一方で、ＩＱが低いものの知的関心が高く勤勉さのあるＫくんは、一定の成績を修めていました。

ＩＱが低くても、それを補う資質があれば学力を保てるのです。

なかでも重要なのは、「勉強することが好きか嫌いか」と「やる気」です。特に「やる気」の要素はいちばん重要です。

いくら頭脳明晰であっても、やる気をなくしてしまったら能力を生かせません。

子どもの能力は親次第？

子どもの能力において印象深いエピソードを、ひとつご紹介しましょう。両親が韓国人の3年生のJちゃんを教えたときのお話です。当時の教育本で「国語力は親次第！」「国語力は家庭環境に比例する」などといった言葉をよく見かけました。国語力は、環境や親のフォローによるものとありました。

本を読み聞かせて語彙を広げたり、幼い頃からきちんとした日本語で接したりすることで、日本語の能力が習得されるといった、どれも納得できる内容でした。

Jちゃんの両親は、結婚してから日本に来たそうです。お母さんはまだ日本語を上手にしゃべることができず、助詞の使い方もめちゃくちゃで、きっとこんな意味で言っているんだなと推測しながら話を聞かないとわからないレベルでした。教育熱心なご家庭でもなく、どこかでJちゃんに特別な教育を受けさせているわけでもありません。私への依頼は、お母さんが介護の仕事で遅くなる日に、ベビーシッターを兼ねて学校の宿題をみてほしいということでした。お母さんは忙しいので、本の読み聞かせもほとんどしたことがないと言うので、Jちゃんはさぞかし国語に苦労しているだろうなと想像していました。

ところが、実際に指導をして驚きました。文章を読むのが速く、しかもよくできるのです。国語は得意教科として彼女の強みになるほどでした。このとき、世の中でいわれている国語力への認識が誰にでも当てはまるものでないと感じました。Ｊちゃんには、生まれもった語学のセンスがあったのです。その後、中学へ行っても国語、英語は常にトップレベル。後に、上智大学に進学しました。

また、テレビで『最強の頭脳　日本一決定戦！　頭脳王』という番組をご覧になったことがあるでしょうか？　これは東京大学や京都大学の首席たちがその頭脳を競うもので、卓越した能力を見せつけられます。よく「能力に差はない」と書かれた本を目にする機会がありますが、少なくとも頭脳王と私との間には相当な能力の差がありますす。頭脳王は希少な例ですが、頭脳王が少人数いて残りはみな等しく凡人なのではなく、段階を踏んでレベルの差が分布しているように思います。

子どもの能力は親の努力に影響されますが、素晴らしい能力の持ち主もいれば、あれこれ親が努力しても思うように伸びない子もいます。

こういう話をすると、希望をなくす方がいるかもしれません。現実を受け止めるのは、そう簡単ではないかもしれません。ではなぜ、わざわざ希望をなくすような話をしたかというと、「能力はみな等しい」という気持ちがあると、**思うように進まないときに子どもにとってマイナスの行動や言動をしかねないからです。**

あるお母さんがこんなことを言っていました。自分の子どもよりもあとに塾に入った子が良い成績を取ったことが許せないと。また、幼い頃からわが子の教育に力を入れてきた場合、思うようにいかなくなると焦りがちになります。能力に差があることを理解し、わが子なりのベストを目指していれば、このような気持ちにはならないはずです。

もっとできるようにと塾をたらい回しにされている子や、周囲と比較され傷ついている子があとを絶ちません。傷つくことでやる気がなくなったり、自尊感情がもてなくなったり、本来いちばん大切な心まで歪めてしまうのは、あまりにも惜しいことです。

育児トラブルはどこから？

子どもが大きくなるにつれて他者とのちがいが色濃く表れてくるので、勉強ができる子、ハキハキ発言する子、リーダーシップをとる子などを見ると、「うちの子、大丈夫かしら……」と不安になることもあるでしょう。親の「こうあってほしい」という期待があると、さらに現実とのちがいに戸惑うことと思います。

一方、子どもに対して無関心ではないけれど、そうした戸惑いや不安、不満とは無縁の親御さんもいます。そのちがいはどこから生まれるかというと、**子どもの適性や能力は千差万別であることを理解しているかどうか、子どもの個性を受け入れているかどうか**によります。

たくさんの例を実際に見てきた私は、**他人とわが子を比較して一喜一憂するほど無駄なことはない**と実感しました。勉強が得意だから良い子、苦手だったら悪い子というわけではないのです。また、人の得意なことと、わが子の苦手なことを比べて一喜一憂する必要はないのです。

おかげで私自身の子育てにおいても、ゆったりとした気持ちでいられました。息子から「Yくんって頭いいんだよ！　全国テストで1番だったんだよ」と聞くと、「すごいね！」と心から素直に返答できました。その子と息子を比べたり、焦ったりする気持ちはなく、そんな優秀なお子さんと一緒に過ごせるなんて、良い刺激をいただけてむしろラッキーと嬉しくなったものです。

ただ、そうはいかないという親御さんの気持ちもよくわかります。

比較まではないにしても、周囲の子が優秀だと「うちの子、大丈夫かしら」とついわが子可愛さに心配になってしまうでしょう。

けれども、**親がスッキリした気持ちで関わること**が、子どもの能力や心の成長を促します。友達の特技や、晴れ舞台での成功を妬ましく思うのではなく、素直に賞賛できる人に成長させることができたら素晴らしいと思いませんか？

「子どもの能力はみなちがう」という事実が心に刺さり、ショックを受けた方こそこの本にあることを実践したら、大きく変わるきっかけになることと思います。

あなたはどちら？　親による対応のちがい

親が子どもの能力のちがいについて理解していないと、他者が気になり、おのずと比較してしまいます。

他人と比較して憤る母

Aちゃんこの間の学力テスト100点だったって
Bくんコンクールで入賞したんだって
ずん
Cくん今年もリレーの選手に選ばれたって！
ずん
みんな頑張ってるのね～
なんでうちの子は…

他者と比較するのではなく、過去と比較して成長を感じましょう。

過去と比較して喜ぶ母

また、子どもの現状をよく把握することも必要です。そうでないと情報に振り回されることに……。

情報に振り回される母

子どもの現状を知るためには、よく観察することです。子どもの能力や個性がよくわからないという方は、学校や習い事の先生に聞いてみるのもひとつの手です。子育ての心配や悩みとは、他者と比較したり情報に惑わされたりすることから起こりがちです。認識を変えるだけで親子のストレスが減り、関係もぐっと良くなります。

子どもを見て判断する母

ここまで読まれていかがでしょうか？　なかには希望を失い、「どうせやってもダメなら、やらせるだけ無駄だ」と思った方もいらっしゃるでしょう。けれども、やって無駄なことは決してありません。やらなければ70点のテストでも、やれば90点を取れるといった「伸び幅」が誰しもあるので、努力次第でベストな結果が得られます。

また、先ほどあげた、**さまざまな能力は、急な変化とはいえないまでも、今後の成長において伸びる可能性が多分にありますの**でやって無駄なことは決してありません。

実際に、低学年の頃はゆっくりで時間がかかっていた子が、高学年になる頃には周囲の子と変わらない速さで進められるようになったという例や、小学校の頃は、理解度が低かったお子さんが、中学生になったら理解度が増したという例はよくあります。

親が子どもの個性を理解し、それに寄り添った学習態勢があれば、親子の関係も良くなり、やる気がアップします。やる気が出ることで、お子さんの状態はいい方向に変化していきます。絶対に諦めないでくださいね。

子どものやる気を育む学習方法については、次章でご紹介していきましょう。

2章

「やる気」を生む関わり方とは？

やる気がもたらす素敵な恩恵について

前章で、子どもの学力を支える上でいちばん大切なのは「やる気」だとお伝えしました。子どもが物事に取り組む際に、やろうとする気持ちがあれば習得度が上がりますし、受けるストレスも少なくなります。さらに、親子関係が良くなり、家庭の空気もぐっと良くなります。

たいていの親御さんは、「うちの子もやる気をもってほしい」と思っていることでしょう。この章では、やる気の差や、やる気の出ない原因、やる気をもたせるための工夫についてお伝えしていきます。

子育ての現実

小学校に上がると、勉強が始まります。「うちの子ってこんな子」と微笑ましく見ていられた幼児期とはちがい、「宿題」が出るので親の役割や責任が増えます。

学校から帰ったら遊びにいく前に宿題やろうね！
うんわかった
いってきまーす
急がなきゃ！10分集合だって！
ただりま～
ボン
あら？宿題は…
あらあら約束しちゃったのね。仕方ない…
ただいま～おなかへった
宿題は？
食べてからやるよ！
やったーからあげ♪
おいしかったごちそうさまー
じゃあ
先におフロ入る！
はーさっぱりした
あっ！
8時からアニメ始まるー

ふー、やっとゆっくりできる
約束がちがうわよ！宿題は!?
ガーン
これ終わったらやるからー
ははは
まっ
ワイ ワイ
毎日毎日同じこと言わせて！宿題は帰ったらすぐやらなきゃダメでしょ!!
ガミ ガミ ガミ
はっ
しーん
ねた!!
翌朝
早く起きて。宿題やってないよ
はっ
そうだった
漢字いっぱいある
あ〜、間に合わない
ハラ ハラ
遅刻する〜
うちの子大丈夫？

馬を水辺に連れていくことはできますが、水を飲ませることはできません。それと同じように、子どもは親の思うようには動きません。円滑に対処するには、どのように関わればよいのでしょうか。

子どもの「やる気」は親次第か

「子どものやる気は親次第」なのでしょうか。よく質問されますが、答えは、そうとは限りません。知的関心の高い子どもは、親が何もしなくても自ら動きます。家に整った環境がなくても、児童館や図書館、友達の家に置いてある本や図鑑を利用して、勝手に学んでいくのです。

これは、わが家の息子たちが低学年の頃の話です。

息子たちが低学年の頃
あるお友達が遊びにきて
うちにあった本に
夢中になっていました
わあ～
遊ばないの？
この本すごく面白い
貸してあげるよ！
それは理科の知識本。
たっぷりの図や写真でわかりやすく楽しく説明しています
このシリーズで理科はばっちり♪
後日、保護者会で
本ありがとう！
植物の
すっかり長く借りちゃって
何回も繰り返し読んだのよ
そう！

借りた日は夜中まで読んでいたのよ。面白くて目がさえたみたい
覚えたことは私たちにも説明してきたのよ
さすが塾の先生！いい本選ぶのねー
そう！いい本なのでわが家でも大活躍！
はーい
本読むよ～ベッドにおいで～
バタ
バタ
じゃがいものたねいもは…
植物の
もう寝た…1ページも読んでない…
優秀な寝かしつけグッズとして重宝しました

知的関心の差は子どもによってちがいます。 知的関心の高い子どもは、理科や社会がよくできる傾向にあります。また、知らないと気が済まず、何かにつけて質問します。

以前、生徒さんにも知りたがり屋の子がいたので、興味のある記事を切り抜いて渡したり、面白そうな番組があると知らせたりしていました。まだ独身だった私は、「いずれ子どもができたら、関心事に対してできる限りのことをしよう」と意気込んでいましたが、息子たちは一向に質問してくる気配がありません。

辞書を買っても興味を示さず、何日も置いたまま。そこで「何秒で引けるか挑戦ゲーム！」と言ったらようやく重い腰を上げ、思いのほか盛り上がったのですが……、引いただけで辞書を閉じてしまいます。「君たち！　読もうよ！」と心のなかで叫んでいましたが、強要したのでは私の意図が丸出しになり、楽しくなくなります。「速く引けるようになったから、まあ、いっか」、そう自分を慰めて、結局、知識は増えないまま。その辞書は、思惑とは異なる利用法になってしまいました。

しかし、叱ったところで、関心が生まれるわけではありません。それも個性だと思って前向きに受け入れました。「知的関心よりも、楽しむことに長けている子たち」だと。そして、いつどこで興味の芽が出るかわからないと期待をもちつつ、「**やるだけやって諦める！**」の精神で過ごしてきました。

あれこれ体験させるとともに、**興味がもてなくても、それを前向きに受け入れる覚悟**ができれば、親も子もラクな気持ちで楽しめると思います。

また、勉強するという行為が好きか嫌いかによっても、大きく変わります。「好きこそものの上手なれ」ですね！

暗記事項をノートにきれいにまとめるのが得意だったり、読書が好きだったりして机上で作業することを楽しめる子や、囲碁や将棋、クイズなど考えることが好きな子もいます。そのような子どもたちは、勉強が好きだったり、得意だったりします。「もっともっと問題を出して！」と言ってきます。

このように、勉強することが好きというのは、やる気を生み出す大きな要素であり、そのような子は親がどうであろうと勉強をします（本人は勉強とは思っていませんから）。すると、成績も上がっていくのでさらなるやる気につながり、好循環していくのです。

「勉強しなくて困る」という相談が多い一方で、「まだ低学年なのに塾に行きたいと言いだし、家計が厳しいので困っている」「勉強ばかりで心配。もっと、きょうだいやお友達と遊んでほしい」「運動不足で肥満が気になる」とおっしゃるお母さんもいます。子どもの個性や資質によって、家庭の悩みもさまざまです。

怒ってやらせる効果と弊害

このように、やる気のあるなしは子どもの資質によるところが大きいのですが、親の仕向け方も影響します。子どもが思うようにならないと、ついイライラして怒りをぶつけてしまう親御さんも多いのですが、それでは子どものやる気はさらに落ちてしまいます。

怒ったところで円満には解決しないと頭ではわかっていても、なぜ怒ってしまうのか？　それは、思うようにならない不満をぶつけることで、お母さん自身がスッキリできるからです。嫌なことがあったときに、それを吐き出すと楽になれるのと同じです。我慢するほうが大変です。

しかし、だからといって親のスッキリと引き換えに、子どもの自尊感情を低下させたり、親子関係の悪化につながったりするのでは、失うものがあまりにも大きいと思いませんか？

親の怒りはこの年代の子どもに効果てきめんですから、シブシブでも子どもは机に向かい、手っ取り早く親の要求が叶います。けれども、**怒る効果は劇薬と一緒で、副作用も大きい**と心得ましょう。

親はわが子が机に向かえばよしとしますが、ふてくされた状態では頭に入りません。逆に、短時間でもスッキリした気持ちで取り組めたら、そのほうが学習効果は高いのです。

マンガばっかりね！
字の多い本をもっと読みなさい
マンガ
落ちこむ
ボクってダメな子なんだ…
自尊感情の低下
ふてくされる ケンカになる
自分だってスマホばっかじゃん！
親子関係の悪化

親子の力関係

子どもが未熟で大変なのは一時です。この時期に親の権威を振りかざして要求を押しつけたり、一方的な感情をぶつけたりするのでは、親子の力関係が逆転する思春期に大変な思いをすることになります。

また、子どもが従順なタイプだと表面的には険悪になりませんが、確実に子どもの精神をむしばみ、後に限界になると体調を崩したり、ふさぎ込んだりして元気がないといったさまざまな症状が出ます。

この場合、症状が出るまで親が気づきにくいのが特徴です。

親がしてきたことは、すべて返されます。悪いことは悪いこととして。良いことは良いこととして。ですから、難しいといわれる思春期であっても、親子関係が良好であるために、そして、はつらつとした素直な子どもに育てるためにも、**未熟なこの時期の関わり方がとても大切**なのです。

子どもが親の愛情を切に求めるのは、10歳頃までです。中学生にもなれば、交友関係や行動範囲が広がるので、親よりも友達や信頼できる第三者に気持ちが移ります。10歳前後までに親から愛情をかけてもらえるかそうでないかは、一生の親子関係を左右するといっても過言ではないでしょう。

まだまだ未熟で、知識も乏しく、世の中の仕組みがわからない子どもにとって、親の存在は絶大です。**ちょっとした愛情にも大変な価値があります。**どうぞ、そのような気持ちで、お子さんを可愛がり、支えてください。

39ページの宿題の漫画のような状況では、子どもが反省しているようであれば、落ち着いた気持ちで「そんなときもあるよ！　これからどうしたらいいかな？」と励ましましょう。そして、今後について話し合えば、きっと良い方向に向かいます。

反省していないようなら、子どもの気持ちを探りましょう。「宿題をする必要性を感じていない」「先生との関係がうまくいっていない」「できないからやりたくない」など、理由はさまざまです。気持ちがわかれば、それに合った対処ができます。また、学校の先生に直接相談して、親と教師の双方から働きかければ、功を奏すことも大いにあります。

10歳までの家庭学習はどこまで進める？

日々の生活のなかでどれくらい勉強するか（勉強できるか）は、子どもによって差があります。学校の宿題がやっとの子もいれば、学校以外の課題もスイスイ解いてしまう子もいます。

子どもの気持ちを尊重するあまりに勉強をさせずにいると、学校での勉強がわからなくなり、授業が退屈になってしまいます。算数のような積み上げの教科だと、新しく習うことが吸収できなくなります。ですから、**学校のテストで8割は解けることを**

目標に、家庭でも学習させることをお勧めします。日々の課題を子どもと一緒に決め、どうしてもできない日は無理強いせず、潔く「なし」にしましょう。

けれども、ただ「なし」にするのでは、さぼり癖がついてしまうので、「なし」に**した際に、いつに振り替えるか**を子どもに決めさせましょう。振り替えの課題がたまってしまう場合は、定めた量が子どもにとって多過ぎるのかもしれません。再度、調整を試みてください。

また、学校の勉強についていくことができる子は、本人が望まなければそれ以上はやらせなくていいでしょう。読書を促したり、漢検や数検などに挑戦できるよう仕向けたりすることは良い刺激になりますが、勉強を無理強いするのは良くありません。「やりたくない気持ち」を尊重するほうが、後伸びする可能性が高まりますし、親子関係にとってもプラスに作用します。いずれ高校受験をする年齢になったり、勉強をする意義が感じられたりしたときに子どもなりのスタートが切れるよう、スッキリした気持ちで過ごすことが大切です。また、空いた時間はテレビやゲームなどの**受動的な遊び**ではなく、友達との関わりをもたせ、外遊びや創作遊びなど、**能動的にできる**

遊びを積極的にさせるよう心がけましょう。

十分な学力があり、さらに、やる気のあるお子さんであれば、制限を設けず本人が望む限りガンガンやらせましょう。「勉強だけできても……」と否定的な気持ちをもたず（勉強ができなくなれば他のことができるようになるわけではありませんし、勉強ができることも大きな自信につながるので）、快く応援してください。

「やる気」は声がけの仕方が鍵になる

「お母さん（お父さん）といると、いつもやる気がなくなる」と話していた生徒さんたちの声をご紹介します。

いちばん多いのが、「やろうとしているのに、うるさく言うからやる気がなくなった」というものです。親の立場からすれば、「やらないから声をかけたのに」ということもあるでしょう。大切なのは〝声のかけ方〟にあります。

「いつになったら始めるのよ！　早くやりなさい‼」では、やる気が失せます。命令口調やきつい言葉をぶつけられると、強制されているような気持ちになるからです。

一方、同じ促すのでも「今日は宿題出ているの?」「そろそろやらなくて大丈夫?」と言ったらどうでしょう。気遣いを込めて声をかければ、子どもはそれを敏感に受け取って、気持ちを害することはありません。

また、やる気を奪う親の特徴として、「細かい」「余計な口出しをする」「完璧を求める」などがあります。具体的な声がけの内容としては、

「姿勢が悪い!」

「明るいところでやれ!」

「ダラダラやるな。時計を見てやれ!」

「時計を見るな。集中してやれ!」

「きれいに書け!」

「計算を間違えるな!」


などなど。言われた子どもは、「こっちだって間違えたくないわ!」と不満を募らせていることでしょう。

どれも大切なことですが、「丁寧に書こうね！」と声のかけ方を改めたり、暗ければ「暗いと見えづらいでしょ」とそっと明るくしたりすればいいのです。子どもへの言いたいことを我慢すると親もストレスでしょうから、**言い方に気をつけて伝えることがベスト**です。

外では人に気を遣うものの、親子の間柄ではつい甘えが出て、思ったまま言葉の直球を子どもに投げてしまう方も多いのではないでしょうか。**親子であっても気遣いは必要**です。

〝言い方〟はコミュニケーションの基本です。対人関係において、ストレスをためないためにも、言いたいことを伝えることは大切です。

ただし、**伝え方**が重要です。文句を言えばよいのではなく、**誠意をもって伝えることが大切**なのです。人間関係のもととなるコミュニケーションの礎を、ぜひ家庭で培ってみてください。親子間でそれができれば、お子さんの未来にとって大きなプラスになるでしょう。ただ、優しく言ったのではきかないという場合は、先生から伝えてもらったり、次のヒントを参考に試してみたりしてくださいね。

子どもがどんどんやる気になる！ 実践編

では、どのように接すれば、子どものやる気を上向かせることができるのでしょうか。家庭で簡単に実践できる工夫の仕方を紹介しましょう。

1 まずは「5分」から始める

やり始めてしまえば進むのですが、やり始めるまでに時間がかかる子がいます。その場合、「ひとまず5分だけやってみたら？」と提案してみてください。5分と言われれば、多少は気楽に取り組めます。いったん始めれば、そのままスムーズに続けられることも大いに期待できます。

2 分けて取り組む

課題を小分けにすることで取り組みやすくなります。

う～ん
何事もやり始めにエネルギーを使う
思いきって一歩ふみ出すと…
えいっ！
スタートライン
おっ!?
その後は意外とスムーズ
♪～

こんなにやりたくな～い
計算プリント5枚
まずは2枚
夕食
2枚
お風呂
1枚
これならどう？
それならできそう！

3　子ども主体で進める

何を勉強するか、どれからやるかを子どもに決めさせるだけでも、やる気はアップします。子ども主体で内容を決めさせることが心配であれば、一週間分の内容を子どもと一緒に決め、その日の気分でどれからやるかを選ばせるだけでも主体性が高まります。

親が課題を決めると…

子が主体的になると…

4　勉強机にこだわらない

子どもが落ち着く環境が別にあれば、勉強机にこだわる必要はありません。どんな環境であればやる気が出そうか、集中できそうかを子どもと話し合ってみるのもいいと思います。

快く、心軽やかに取り組めたほうが、学習効果は高いのです。

過去に、勉強机でなくカフェスタイルだとやる気が出そうだと言った子がいました。お母さんは要望に応えて、できる範囲でカフェスタイルを実現しました。そうなると子どももやらないわけにはいきませんね！

もし、それでやれなくても、決して責めないでください。子どもは「自分のために、親なりにしてくれた」と愛情を感じるはずです。子の気持ちに寄り添った親の努力に無駄はありません。また、整理整頓すると気持ちも上向きます。

必要な教材、資料と
不要なものが混在
全体的にものが多い
やる気出ない…
多すぎたり
足りなかったりの文具

やるべき教材
必要な資料
大切なものだけ
お気に入りの文具
note
とがった鉛筆

5　ゲーム性を取り入れる

タイムを計ったり、漢字を3回ずつ書いてどの字がきれいか選んだりして、楽しく取り組める工夫をしてみましょう。

また、「算数鬼ごっこ」もお勧めです。課題を親子それぞれ競争して解きます。ハンディーを考慮して子どもが先に進め、途中から親が追いかけます。スピードと正解を争うのでスリル満点！　アッという間に終了できます。この手法を利用してわが息子も生徒さんも、楽しく円滑に進められています。ただ、子どもがやりたいときのみにしてくださいね。

6　努力を共有する

子どもが勉強をしている間、親も何か作業するのもいいでしょう。課題をひとりでやるよりも、努力の共有をしてもらえれば頼もしいものです。

くるっ
まじめにやってる？
イラッ
ははは

お母さんもがんばってるな

7 始める時間を前もって決める

時間をあらかじめ決めておくと、子どもも気持ちの準備ができるので取り組みやすくなります。

8 終わったあとのお楽しみを用意する

「終わったらトランプしようね！」など、終わったあとのお楽しみを作り、気持ちを盛り上げてやるのもいいでしょう。ダラダラやっているときに「終わったらこれを食べてね」と、おやつを用意するのも効果的です。アイスだとさらにスピードアップが期待できますよ！

なかには、お楽しみを先にして満足させてから勉強するとはかどるタイプのお子さんもいます。

何時から勉強始める？
う～ん 7時
マンガ
そろそろ7時になるわよ！
ドタドタ
ワーワー
うん わかった
急がないと溶けちゃう
バニラ
アイス

工夫をしてもうまくいかないときの対処法

いろいろと工夫を重ねてもうまくいかないときがあります。そのような場合は、**勉強がわからなくなっていないか**をチェックしましょう。いくら親が対応を心がけても、勉強がわからないようではスムーズには進みません。学習のつまずきがなくなれば取り組みやすくなるでしょう。

次に、勉強内容に問題がない、または、問題が解消してもうまくいかない場合はどうすればよいでしょうか。

その場合は、子どもの状態をよく観察してみましょう。次にあげる状態や気持ちがあるかもしれません。

- 疲れている
- 体調が悪い
- 自信がない
- 親との確執がある
- 先生や友達関係の悩みがある
- 習い事がストレスになっている

まず、これらの気持ちを知ることが解決の糸口につながります。話し合うタイミングとしては、入浴中やおやつを食べながらなど、お互いに気持ちがリラックスしているときが良いでしょう。

子どもによっては、怒られるので親には言えないこと、心配をかけたくないので話したくないことを抱えている場合があります。そのときは、学校の先生や子どもが信頼している習い事の先生から聞いてもらうのも、解決を図る方法のひとつです。

また、やりたくない気持ちが、先にあげた一過性のものならよいのですが、発達障がいの症状にあるような「散漫で集中できない」状態だったり、そもそも勉強するのが嫌いであったり、スポーツや遊びなど、勉強以外のことに夢中な時期であったりすると、対策したところで簡単には解決できません。かといって、やりたくない気持ちをいつまでも尊重

しているわけにもいきません。

これまでやる気を出す取り組み方法として、「声のかけ方に配慮する」「勉強の仕方を工夫する」「学習のつまずきがないかを確認する」「メンタルをチェックする」の4つの段階をお伝えしてきましたが、それでも解決しない場合はどうしたらよいのでしょうか。

それでもやりたくないときの対処法

子どもがやりたがらない場合は、机上ではなく、生活のなかで学ばせましょう。机上の勉強だけが勉強ではありません。

たとえば漫画の知識本など、楽しく読めるものを用意します。

読書を好まないようであれば、メディアの力を借りましょう。NHKの教育番組をはじめ、大自然や動物の不思議、理科実験の番組など、教科書通りでなくても好奇心をかき立てるものや、知識の幅を広げるものがあります。

また、生活のなかで、分数や角度、単位などの算数的要素を会話に盛り込むのも方法です。「180度回転してごらん」「牛乳を2リットル買おう」など、学年に関係なく、子どもがのみ込めそうだと判断したらどんどん使いましょう。

ちょっと難しい言葉も、語彙を増やすために遠慮なく、日々の生活に加えてください。「川の源ってどこだと思う？ 源って始まりのことだよ」「原価100円の物を130円で売ったら利益はいくらになる？ 利益って儲けのことね！」と、さり気なく説明を入れると頭に入りやすいものです。

また、買い物などで「500円で牛乳とヨーグルトを買って、残ったお金でおやつを買っていいわよ」と言えば、残金を嫌がらず計算するでしょう。

このような生活のなかで自然に促せる工夫を、無理のない範囲で、思いつく限りさせましょう。

また、見えるところに地図や漢字表を貼ったり、地球儀を置いたり、ことわざを3つずつ書いた紙をトイレに貼ったりするのもお勧めです。「興味をもったら儲けもの」

といった、ゆったりとした気持ちで行えたらしめたもの。強要するとますます勉強嫌いになってしまうので、その点だけ留意しておきましょう。

長く遠回りではありますが、生活のなかでできることを可能な限り取り入れて、問題集やプリントは最小限にする。そうしながら成長を待つことも必要です。

私ごとで恐縮ですが、わが子（長男、次男）もこの手を使いました。後ほど、わが家のエピソードで詳しくお伝えしましょう。

学力を伸ばすためのもっとも重要なこと

私は勉強とメンタルについて、長年、研究を重ねてきました。たくさんの子どもたちの勉強する姿を見るなかで、学力を最大限に伸ばすためには、**心軽やかに前向きに取り組める姿勢**が何より効果があるという結論に至りました。

多くの親御さんは、どの問題集を使えばよいのか、どの大手塾がよいのか、毎日どれだけ勉強をやらせればよいかを気にしますが、メンタルからの影響に比べればちっぽけなことなのです。

過去の生徒さんたちにも、ダラダラしてやろうとしなかったり、元気がなく進まなかったりする時期がありました。それを無視して進めても、学習効果はさほどありません。ましてや、親や先生が思うように進まないことにイライラするようでは勉強が辛くなり、勉強嫌いのもとを作ってしまうのです。

体調面での原因でなければ、手を止めて話を聞いてみると、たいてい不満や気がかりなことがありました。たとえば、学校で仲間外れにあっていたら、勉強どころではありません。目先の課題以上に、子どもの気持ちに対して敏感になり、大切にしてください。問題解決に向けて話を聞き、辛い気持ちを共有するとともに、子どもが求めるようであればアドバイスをしましょう。心が軽やかになれば、必ず調子も上向きます。

また、原因がなくてもその日の気分や体調によってやる気の出ないときがあります。そのようなときは子どもを信じ、「やりたくないという気持ち」を尊重しましょう。その日は進まなくても、体調や気分が戻ればその後効果は倍増します。大人でも気分が乗らないときはありますよね。「今日は料理作りたくないな」と思ったときに、気持ちを尊重してもらえたら、元気になったときには「さあ、美味しいご飯作るぞ！」という気持ちになると思います。子どもも同じなのです。

一日、二日やらなかったからといって、大きく変わるものではありません。大丈夫です。「勉強＜メンタル」のほうが後伸びの期待も絶大ですし、この先の思春期に向けての親子関係においても、良好な関係が築きやすくなります。

しかし、親の思いに甘えが出てしまい、明らかにさぼっているときは、ピシャリと戒めましょう。普段、温かく寛容にしているぶん、怒る効果や価値が高まります。

また、子どもの個性や状況によっては、成長を待つことが必要になる場合もあるでしょう。

正解はわかりませんが、探し続けることが親や教育者の使命なのです。

3章

さまざまな子どもの指導エピソード

問題も対処法も十人十色

勉強を問題なく進められていればいいのですが、そうではないお子さんは、ただただ真剣に取り組むよりも性格や個性に合わせて、親や指導者があれこれ工夫することによってやる気が出ます。前向きに進められることでテンポが良くなり、学習効果もぐんと上がります。

そうはいっても、どのように工夫したり対応したりすればよいか、簡単には思いつかないものですね。

そこで、この章では「勉強をしたくない」「勉強が苦手」「不満がたまっている」「自信がない」などといった、さまざまな個性をもつお子さんたちが、1章でご紹介した改善方法（観察→考察→工夫→実行……）の取り組みによって親子関係を改善したり、学力を伸ばしたりした実際のエピソードをご紹介します。また、親の教育方針が逆効果だったり、意外なことで困っていたりする家庭のエピソードも加えました。

学習が思うように進まないという方は、ぜひ、参考にしてみてくださいね。

エピソード1

勉強をしたくない——ひろこちゃん

ひろこちゃんとは、私がまだうら若き20代前半の頃、彼女が3年生のときに出会いました。とにかく「勉強がつまらないからしたくない」と言うのです。

天真爛漫なおてんば娘のひろこちゃん。あり余るエネルギーを「やりたくない」と主張することに全力でかけているような少女でした。たいていこの頃の女の子といえば、可愛い色ペンやシールがあれば喜んで机に向かうものですが、そんなものでは反応しません。両親はほとほと困り果て、お手上げの状態でした。

指導を始めてひと月が経ち、私ともだいぶ慣れたのですが……。2時間の指導でまともに勉強できるのは良くて10分程度。イライラして、すぐにカーテンにくるまって出てこなくなってしまいます。それでも、両親は指導を続けてほしいと懇願します。まだ、勉強の意義を理解できる年齢ではないし……、さてどうしたものか……。

ぬいぐるみが勉強をする⁉

そこで気がついたのが、ひろこちゃんの部屋にはぬいぐるみがたくさんあること。お気に入りの順番も決まっています。私はひろこちゃんに言いました。

「勉強をやるのが嫌だったら、ポンちゃんにやらせない？」

ポンちゃんとは、ひろこちゃんがもっとも可愛がっている狸のぬいぐるみ。少し興味をもったのか、ひろこちゃんはカーテンから出てきました。

大好きなぬいぐるみたちをテーブルいっぱいに並べて、「さあ、ポンちゃんにやらせよう！」。いざ勉強開始！　ひろこちゃんがポンちゃんに話しかけます。「さあ、ポンやってみて！」ポンちゃんの前にはプリントが置かれます。ポンちゃんは問題を読んで、うーん、うーんと考えます。

そして、「40円のミカンを3つ買って120円。1000円払うから1000－120＝880円！」。ひろこちゃんがポンになりきり、問題を解きます。

たまにポンがわからなくなると、優秀なキャロル（リカちゃん人形）が登場して、「ポン！　300円が5つだからいくら？」「うーん……」「300×5で1500円でしょ！」とひろこちゃんのひとり芝居が続きます。

私の担当は周りのぬいぐるみたち。「わー、ポンちゃんすごい！」とはやしたてます。「来週はカラスのカラにやらせようか？　カラは天才？　それとも？」などと

話しては盛り上がっていました。

こうやって、はじめの頃は半分も筆が進まなかったプリントが、10枚あっても足りない日も！　すっかりはまって、ずいぶんと進んだのです。

ところが、時間の経過とともに徐々にマンネリ化し……。ある日ポツリと「ポンがやってるけど、どうせ私がやることになるからやだ」と言いだしました。

さーて、次なるアイテムは？？？

お次は番組制作に挑戦!?

私が思いついたのは〝テレビ番組の制作〟でした。「教育番組見たことある？　ひろこちゃん、テレビに出演してみない？」じゃじゃーん！と、すかさず私は用意した機材を披露しました。機材とはいってもトイレットペーパーの芯一本です。「これはカメラ。これでひろこちゃんを収録するの」と話すや否や、ひろこちゃんの表情はパーッと晴れ、「やるー！」と飛びついてきました。

その日から二人三脚の番組制作が始まりました。私の担当はカメラマン。「3・2・1・スタート！」と叫び、トイレットペーパーの芯をひろこちゃんに向けます。少し緊張気味のひろこちゃん。深呼吸をし、背筋を伸ばして「全国の皆さん、こんにちは！　山下ひろこです」。ペコリと可愛らしいあいさつです。

「今日は一緒に、割り算に挑戦してみましょう！」手元に置いた割り算の問題を読み上げ、「みんな、わかるかな？　ちょっと難しいよね！」と、すっかりなりきっています！　「それでは一緒に解いていきましょう」と言って、全国の子どもたちにわかるように解説していきます。途中わからない問題に出くわすと「カット！」と言って、私に聞きます。私は手早くヒントを与えて再開！　その繰り返しで、進むや進む、新記録！　今日は53分も続いた！　時計をチラ見して、ほくそ笑む私。張り切っているのはひろこちゃんだけではありません。もちろん私も。

途中トイレットペーパーの芯を片手に「カット、カットー」と叫んでいると、お母さんがお茶を持ってくるタイミングと重なり……。

(こっ、この人、人の家で一体何を……)

お盆を持ったまま、状況がつかめない様子のお母さん。かなり恥ずかしい思いをしました。

また、トイレに行きたくなると「先生、30秒CM入れていい?」とひろこちゃん(NHKなのでCMはありませんが)。そう言って、バタバタバターッと廊下を一目散にかけてトイレをすませ、また、バタン! バタバタバタッと雷でも落ちるかのごとくものすごい勢いで部屋に戻ります。下の階にいるお母さんには、さぞかし疑問だったにちがいありません。

「いつも楽しみに見ています」「わかりやすい!」「もっと難しい問題をやってほしい」「分数(ひろこちゃ

んの苦手分野）を重点的に教えてほしい」「勉強が好きになった、できるようになった！」と、全国の子どもたちから続々と感謝の手紙が届くようになり（製作したのはもちろんこの私）、ますます意気込むひろこちゃん。ファンからのリクエストにも応え、苦手な問題もスイスイ！　しばらくは楽しい〝番組収録〟が続きました。

しかし……、時の経過とともにフレッシュな空気は失せていき、緊張感もなくなってきました。ＣＭが増え、それをいいことにさぼりだしたひろこちゃん。

そろそろ次のアイテムを考えなくては……。

上司と賢い美人ＯＬごっこ

〝番組制作〟を通してわかったのは、ひろこちゃんが素敵なお姉さんに憧れていることでした。そこで「ひろこちゃん、オフィスに勤めるＯＬさんって素敵じゃない？」と投げかけました。「オフィス」「ＯＬ」――３年生の子には聞き慣れない言葉ですが、あえて使いました。「賢い美人ＯＬになって、素敵なオフィスでお仕事してみない？」するとと案の定「やってみたーい」と目をキラキラさせるひろこちゃん。

そこで私が上司のおじさんになり、ひろこちゃんに仕事を渡します（手はじめにプリントを3枚）。私が座るテーブルからひろこちゃんの机まで歩いて5歩の距離ですが、仕事（プリント）を入れる社会人用のファイルをしっかり手配済み！

「この仕事をやってくれ！　終わったら持ってきてくれるか？　わからない箇所は聞きにきてくれ」「かしこまりました！」渡されたプリントを大切にファイルに入れます。背筋もピンと伸びています。

そして、自分の机に行くや否や、真面目に解いてる、解いてる！　まだあどけなさが残る横顔が、めちゃくちゃ可愛いのです。しばらくすると「終わりました！」「おっ！　早いな。君は仕事ができるな」「次はこの仕事が入っているからよろしく」。そんな調子で楽しく進めていきました。

そのうちに「これは大きなプロジェクトだから、君にやってほしいと言って、お客さんがもってきた仕事なんだ。ぜひとも頼んだぞ！」「承知しました」といった具合に量を増やしても、賢い美人ＯＬは次々とこなしていきます。いい調子！

（これなら難しめの問題もできるかな……）と期待をし、「この仕事は難しいぞ～。君にしかできない！」、そう激励しながら、徐々にレベルを高くしていきました。

毎回心地良い汗をかき、指導が終わると「ご苦労さん！　ぼくは今から出張だ。戻る金曜日（次回の指導）までにこの仕事を頼んだぞ」と言って、プリントを渡して帰っていました。やり終えたあとのひろこちゃんのスッキリした顔！　そしてなんと、こなすプリント枚数は20枚をくだらない日も！　しかも宿題までできるように！　なんて素晴らしいことでしょう。

けれど、幸せは長続きしません。しばらくして、私はとんだ失敗をしでかしました。欲を出してしまったのです。「この仕事はミスなくやってくれ！」「この仕事は急ぎで頼む！　次のプロジェクトまでに間に合わせたいんだ！」はじめは意気込んでいたひろこちゃんでしたが、「あ～疲れた……。それに給料出ないし……」と言いはじめたのです。まずい！　次なるアイテム、アイテム……。

そうだ！　私はバッグから、変わった黄色い口紅を取り出しました。

「これは魔法の口紅！」ひろこちゃんは興味津々です。「ちょっとこの問題をやってみて！　できたら、これで丸をつけるから」そう言うと、素直にさっと一問解きます。その口紅で丸をつけます。けれども、何も見えません。私はそっと手を当て20秒待ちます。そして手を離すと……、なんと赤い色に変わっているのです。

実はこれ、塗った直後は透明で見えないけれど、熱の作用によって赤くなる口紅なのでした。

「難しい問題だけど、できたらこれで丸つけをしていいよ」と言ってプリントを渡すと、ひろこちゃんは必死に解きだしました。そして私がやったように、自分で丸つけをして変色を楽しみました。

魔法の口紅事件

ところが困ったことに、ひろこちゃんがその口紅を欲しいと言いだしたのです。10本セットで買ったのであげても構わないのですが、その口紅はいったんつけると色が落ちにくく、はじめは透明なのでつけ過ぎてしまうと大変なことになるのです。（渡して汚さないかな……）一瞬不安がよぎりましたが、あまりにも欲しがるので、「これは高級なのよ。宿題でプリントが累計で100枚終わったときにプレゼントしようかな」と言うと、にやりと笑うひろこちゃん。次の指導のときにはすべて終わっていました！　私は用意してきた口紅を渡し、「これ、消えにくいから気をつけてね！」と何度も念を押しました。

そして、事件が起きたのは次の日の朝でした。私が10時頃、勉強の進捗状況を報告するためにお母さんに連絡を入れたときでした。なんだかバタバタ余裕のなさそうな様子が受話器から伝わってきます。子どもたちはとっくに学校へ行っている時間なのに、どうしたんだろう。

母「実はまだひろこが家にいるんですよ」

私「そうなんですか！　具合でも悪いのですか？」

母「実は……、お恥ずかしい話ですが、変な口紅を持っていまして……。夜に塗って寝たらしく、朝起きたら唇の周りがオバケのように真っ赤になっていて……。それが落ちないのでゴシゴシ拭いたら、唇が腫れあがってものすごい顔に……」

（まずいっ‼）一瞬、頭が白くなりました。

「すみませんっ！」電話口でしたが、私は思わず深々と頭を下げました。「それは昨日、私が渡した口紅なんです！」

すると、お母さんは驚いた声で

母「先生がくださった口紅だったんですね……」

（少しの沈黙……、怖っ！）

母「ひろこから何も聞いていなかったので……。お礼も言わず大変失礼いたしました。どうもありがとうございますう～」

と言って話は終わりましたが、お母さんの本音は今もわかりません……。

そのような山あり谷あり失敗ありのひろこちゃんでしたが、年齢とともにアイテムがなくても机に向かえるようになりました。

もちろん、成績面においても申し分ない出来に。お父さんもお母さんも、そしてひろこちゃん自身も、笑顔になったことは言うまでもありません。やれやれ。

エピソード2 無気力になってしまった ともくん

ともくんと会ったのは、ともくんが小学3年生に上がった頃でした。厳格な両親に育てられ、小学校受験のために幼児の頃からスパルタで勉強をしてきました。両親ともに高学歴で、愛するともくんにも「きちんとした教育を」ということで熱心に向き合ってきたといいます。常に塾や勉強が優先で、甘い顔を見せるとペースが落ちてしまうので、これから先、厳しい世の中に順応して生きていけるよう厳しくしつけてきた結果、小学2年生になるまではとても従順で、学習に対しても熱心に取り組んでいたそうです。

はじめて目にするともくんの印象は、失礼ながら、虐待を受けた犬そのものでした。はじめての場所や人ということもありますが、極度に怯え、目を合わせようとはしません。

両親は、ともくんが生まれた頃に参考にした本に従い、「目標がないと人は伸びない」と常に高い目標を掲げ、叱咤激励してきたつもりです。

しかしそれは、ともくんにとっては辛く、恐怖そのものでした。

異変は、2年生の夏を過ぎる頃に表れたといいます。貧乏ゆすりをしたり、トイレが近くなったり、チック症状が出たり、髪の毛を抜くようになったりと落ち着かなくなりました。精神科に連れていきましたが、まだ幼いともくんに薬を処方するのは気が進みません。

模試の結果も下降しはじめ、「自分に打ち勝て！」を連呼していたお父さんもほとほと困り果て、知人のつてを頼って私のところに来ました。

「メンタルが弱いので困っています。小学校受験もあれだけ勉強させたのに、当日、実力を発揮できず、全滅してしまいました。メンタルを鍛え、まずは正常に勉強ができるようにしていただければ助かります」と、お父さんは深々と頭を下げました。私はともくんの症状から時間がかかること、そして、子育ての方針を変える勇気をもつ必要があることを伝えました。

完璧な子育てをしてきたのに何を変える必要があるのかと、ピンとこない様子でしたが、他に打つ手はないと思ったのか、承知してくれました。

絶望のなかでのスタート

初回のともくんは下を向いたまま、「何をすればいいんですか？」と一言。その表情は暗く、絶望に満ちていました。また、10分おきにトイレに行きます。その様子から、どれだけ辛い日々を送ってきたかが推測できました。

ともくんに必要なのはまずは、癒やし、安らぎ、そして安心感だと思いました。しかし、何を話しかけても「どうでもいい」といった感じで、親に怒られるからか「早く課題を出してください」と言います。

私はプリントを2枚渡しました。すると、私に背を向けるようにして解きだします。勉強はまるで頭に入らず、教えたことをすぐに忘れてしまったり、文章の意味が途中でわからないと頭を抱えたり、軽いノイローゼのような症状が出ていました。目は重く沈み、精気をなくしていました。

私「ともくんは何が好きなの？」
T「別にありません」
私「そっか。電車だったり、レンジャーだったりってないの？」
T「はい」
私「ドラえもんは？」

T「興味ありません」
私「旅行は？」
T「覚えていません」

何か取っかかりがないかと折に触れて聞きますが、目を合わせることもなく、反応のない日々が続きました。

5回目の授業で、ともくんのカバンにつけられたキーホルダーが目に留まりました。「それ何？」と聞くと、蚊の鳴くような声で教えてくれました。

（知らないな……）

指導が終わると私は書店に駆け込み、そのキーホルダーのキャラクターが出てくる本を買い求めました。ともくんはこんな話に興味があるんだ！

次の指導のときにその本を出してみると、ともくんの表情がふと和らぎました。「貸して。ぼくも持ってる！　先生も好きなんだ！」そう言うや否や、私の手から奪って読みはじめたのです。横顔を覗くと、はじめて見る笑顔。「この子、こんな笑顔するんだ」と私は嬉しくなりボーッとともくんを眺めました。

面白いページを開くと、「見て」とばかりに指をさして笑っています。私も一緒になって覗き込み、笑いました。ふたりの視線がはじめて合った瞬間でした。

そうやってしばらく楽しんだあと、「そろそろプリントやろうか」と言って勉強に取りかかりました。

そのようなやりとりが数回続く頃には、少しずつ本のキャラクターについて話してくるようになり、私への警戒心は徐々に薄れ、笑顔が増えました。じきに、思ったことや体験したこと、また、幼少期の辛い出来事もポツリポツリと話すようになりました。私はじっと聞き入り、「辛かったね」と心を込めて声をかけました。

私は勉強よりも、そのような時間を大切にしました。取り組むプリントの問題数が減っていることに対してお父さんは心配そうでしたが、ここはあえてメンタルに重きを置いていることを伝え、見守ってもらいました。

ふざければ成績が上がる？

そうして、ともくんの重く沈んだ表情が徐々に薄れていくのを感じていましたが、両親は気がついていない様子でした。

あるとき、ともくんがお迎えに来たお母さんに、キャラクターの話をしました。お母さんは興味なさそうに、「あっそ！　で、ちゃんとできたの？」と聞き返しました。すると「お腹がすいて死活問題だ〜」と、突然ともくんがおどけました。あどけない3年生そのものの姿です。

「あら、大変！　食べ物をあげないと死んでしまう！　何かあるかしら」と私もふざけて探し回りましたが、

お母さんはため息まじりに、最近ふざけたことを言いだして困ると言いました。「ふざけるのは悪いこと」だと思っている様子です。

私はすぐさまお母さんに、ともくんがふざけだしたのはチャンスであること、本来の子どもの姿であること、ともくんは気持ちを押し殺して生きてきたことを話しました。

またこの先、周囲に安心感をもつことで、これまで自分を抑えてきた反動が出て、わがままを言ったり困らせたりする可能性についても話しました。それは一見、調子に乗っているようでも、心が満たされれば、やがて収まる点についても話しました。

まずは課題を極力減らし、子どもの言った冗談を受け止めることが親子の距離を縮め、メンタルにおいて

お腹がすき
死活問題！
あら大変！
ふざけて
困るわ

大切であること、度が過ぎず、迷惑になる場所でないのなら、親も一緒に冗談を言い、ふざけて笑うことを勧めました。そのほうが成績は上がるのだと。

「本当ですか？　勉強を減らし、ふざければ成績は上がるのですか？」

成績を上げるには、先にメンタルの回復が優先ですが、余計な話はせず、「そうです」とだけ答えました。「成績が上がる」の言葉が今のともくんの両親にはいちばんに響くと確信したからです。

お母さんは半信半疑で帰っていきました。

また、ひと月が経ち、次なる課題を両親に伝えました。ともくんがおばあちゃんに懇願してクリスマスに買ってもらった漫画を、両親は気に入らずにしまい込んでいましたが、それをともくんに返して読ませ、話を嬉しそうに聞くよう頼んだのです。

両親「それで大丈夫なんですか？　成績は上がりますか？」

私「はい。確実に成績は上がります」

両親は、拍子抜けした表情を浮かべます。「成績を上げるためには、どの問題集を使えばいいのか」「どのような課題を、何時間やらせるべきか」が重要なのに、やれふざけろだの、やれ笑えだの、やれくだらない漫画を読ませろだのと訳がわからない様子です。

これ以上両親が混乱したままではきちんとした対応ができないと思い、事の真意を説明することにしました。

私「まずは安心と安らぎを与え、気持ちを安定させることが、気になっていらっしゃる問題行動を改善させるために必要なんです。成績を上げるためにも、情緒の安定が必要なんです。最近、表情が明るくなったと思いませんか？」

父「そうですかね……。ふざけだしたので、どうしたものかと」

困った表情でお父さんは答えました。

私「トイレの回数も減ってきたと思いませんか？　チックもずいぶんと落ち着きま

したよ」

父「そうでしょうか。確かに、言われてみればトイレの回数は減りましたが、チックはまだまだ出ています」

私「それはご家庭内の空気に、まだ緊張感があるからです。私のところではほとんど出ませんよ。そのためにも、ふざけて緊張感を和らげることが大事なんです」

人生に「冗談」や「笑う」ことの必要性を感じず、真剣に生きてきた人たちに、「ふざけなさい」と言ったところで、そう簡単にはいかないことは理解していました。けれども、ここはともくんのための踏ん張りどころです。両親にもエールを送る気持ちで話しました。

「どの問題集を……」という疑問に対し、「ふざけなさい」を連呼され、両親は自分たちのこれまでとはベクトルのちがう私の提案に戸惑い、疑問を投げかけてきました。

厳しい世の中を渡っていくのに必要なものとは…

父「先生は気持ち気持ちとおっしゃいますが、世の中厳しいのに甘く育てて、将来うまくやっていけるのでしょうか。厳しい荒波のなかでも子どもが強く生きていけるよう、厳しく育てていくべきだと思いますが。それに、太古の昔の狩猟時代は、狩りが男たちの仕事でした。その時代を生き抜くには、狩りができないとダメだったのです。今は勉強の時代です。だから嫌でも勉強をさせないといけないのです」

私「そうでしょうか。私はそのようには思いません。たとえ狩りの時代に狩りが苦手な人がいても、手先が器用

であれば、槍作りをしていたのではないかと思いますが……。お父さんは今の自分に満足していますか？」

父「はい。一応は満足しています。自分で言うのもなんですが、こうして家庭をもち、仕事もできています」

私「ともくんはトイレが近くなったり、髪の毛を抜いたりして、明らかにメンタルに支障をきたしています。子どものメンタルが壊れかけていても、今の自分にご満足なのですか？」

父「……」

私「親の心は、子どもに表れます。どんなに立派な仕事に就かれていても、子どもが幸せでなければ、満足のいく人生とはいえないと私は思います」

父「私は厳しく育てられました。一時は親を憎んだことすらありました。時に叩かれ、比較され、ののしられたこともありました。ですから、息子にも同じようにと努めてきましたが、今では両親に感謝しています。それの何が悪いのでしょうか」

私「そうですか。お父さんは前向きな方なのですね」

父「ある本に出会い、この歳になって、ようやくすべてを前向きに捉えられるようになりました。親のあの厳しさがあったからこそ、今があると思っています」

私「自分の人生を肯定的に捉えたいと強く願う方は、辛い過去も良く捉えがちです。『大病をしたからこそ、健康のありがたさがわかった』とはよく耳にする話ですね。けれども、大病そのものは決して良いことではないのです。〝良く捉えたこと〟であって〝良いこと〟ではないのです。今、両親からの暴力を前向きに受け入れたとしても、暴力は本来あってはならないことなのです。あなたは親にとって都合よく育ちましたが、今の時点では子育てに失敗しています。学歴や仕事という表面的な面では成功したかもしれませんが、心の面では両親のマイナスを引き継ぎ、それがともくんの問題行動となって表面化したのです」

父「そんなことが……。私は息子のことを思ってそうしたのです」

私「先ほど、世の中が厳しいから厳しく育てるとおっしゃいました。けれども、世の中が厳しいからこそ、子どもを慈しみ、支え、子どもの心を愛情で満たしてあげることが大切なんです。それでも子どもは、いろいろ失敗するでしょう。親の思うように育たない面もあります。けれども、失敗を繰り返しながらも、親からの愛情で心が満たされることで、他人を思いやることができる真に強い大人になれるのです。『良い成績を』『立派な大人に』とお望みになるのであれば、まずは、ともくんの心を満たし支えることが先決なのです」

父「おっしゃることはわかりました。でも優しくなんかしたら勉強しませんよ」

私「確かに。今の年齢であれば厳しくしたほうが勉強をしますし、できるようになるかもしれません。でも、ともくんはいつまでも3年生のままではありませんよ。体だって大きくなります。いつまで怒って勉強をやらせる気でいますか？　勉強はやったらきりがありません。お父さんと同じくらい大きくなったら、包丁でも突き刺しておどすのですか？」

父「いや……。でも私は、親の厳しさがあったからこそやれたのです」

私「お父さんはそうかもしれませんが、ともくんがそうとは限りません。すでに精神に影響を及ぼしています。自律神経系をやられてしまうお子さんもいます。なかには暴れだす子もいるでしょう。発症する年齢が遅ければ遅いほど、回復は困難になりますよ」

両親は身震いしました。

父「まさかうちの子は……」
私「皆さんそうおっしゃいます」

　そのような話が延々と3時間続きました。私はご理解いただくためにも、厳しい状況をはっきりと伝えました。お父さんは下を向いて、ひとしきり考えていましたが、「わかりました。今日のところは、いただいたお話を持ち帰ってゆっくり考えます。ありがとうございます」と深々と頭を下げ、席を立ちました。

　それからは、ともくんとの楽しい授業が続きました。家庭内の雰囲気が良くなったことが、ともくんの様子からよくわかります。すっかり安心したからか、わがままを言ったり、おふざけが止まらなくなったりもしましたが、もちろん想定内だったので前向きに受け入れます。
　時折、家庭内でのトラブルがあって、ともくんが気を落として来ることもありました。そんなときは話を聞き、落ち着かせた上で最後は笑いにもっていき、笑うだけ笑わせ、気持ちをスッキリさせて学習に入るよう仕向けました。

父親自身が抱えていた問題

平穏な日々がしばらく続くと、当初あった問題行動が嘘のようになくなりました。指導を始めてから一年。今思うと、長いようで短い時間でした。それに伴い、低迷していた成績も上昇しはじめました。ともくんの様子に安心したのか、両親の顔つきも以前とはだいぶ変わってきました。自分を変えるのは、容易なことではありません。私は両親に敬意の念を払いながら、指導に精を出しました。そのような折に、お父さんがひとりで訪ねてきたのです。

父「ともはすっかり普通に戻って、先生には感謝しています。先生とのお話のなかで、親として気づかされたことがたくさんあります。最近、家内とともがよく笑っています。少し前を思うと考えられない光景です」

私「それは良かったです。そのままご成長されたら、ともくんはとても素直なお子さんになりますよ」

お父さんは安堵のため息をつきました。

父「ところで気になったことがあります。以前、先生から、自分が不足しているものを子で満たそうとしているというご指摘がありました。自分に真に満足していれば、子どもに対して極端に求めたりはしないものだと。言われたときはピンときませんでした。学歴もあるし、仕事もしているし、曲がりなりにも普通以上の生活はできていますので、自分に不足はないと。けれども、うわべは良くても、中身はなんだか煮え切らない部分があったのです。それを探っていたところ、ようやくモヤモヤしている点が見えてきました」

私「どのようなことですか？」

父「職場の待遇には満足しておりますが、自分より優秀な部下や同僚の存在が怖いというか……。自分よりも学歴が上だと、気が引けてしまうのです」

私「そうですか。それは、お父さんが人を〝学歴〟という狭い価値観で捉えているからではないでしょうか」

父「それはどういうことですか？」

私「人の価値や魅力を学歴に頼らない人は、学歴に怯えません。学歴に頼るのは、自分自身がないからです。自分自身がないというのは、自分に学歴以外の魅力を感じられていないということです。私個人の意見ですが、学歴はあったほうがいいと思いますし、勉強もできたほうがいいと思っています。けれども、それに囚われ過ぎてしまうと無意識に人と比較し、人を恐れたり、見下したりする気持ちにつながるのです。学歴はひとつの魅力ではありますが、人間全体の魅力の一部にしか過ぎません。そこをご理解なさると、気持ちはずいぶんラクになるかと思います」

父「学歴以外の魅力と申しますと……」

私「たとえば、運動ができたり、手先が器用だったり、性格でいえば、相手に対する優しさや思いやり、謙虚さであったり、誠実さであったり、明朗であったり。学歴以外の魅力ってたくさんあるんですよ」

話は一時間ほど続きました。私は極力わかりやすい例をあげて話してみました。

私「親が学歴にこだわり過ぎると、家庭がうまくいかなくなることがあります。今回、ともくんのトラブルによって、いろいろな問題が出てきました。子育ての問題は、親の生き方の問題を浮き彫りにすることがあります。子育てを通して親も成長できるのですね」

父「おっしゃる通りかもしれません」

私「子どもを変えるためには、まずは親が変わらなければならない場合があります。けれども自分を変えるということは、そう簡単ではありません。それをこの短期間で柔軟にご理解され、ともくんへの対応にもご尽力いただけたのは素晴らしいことだと思います。……何だか私、えらそうですね！」

そう言って噴き出すと、お父さんも笑顔になりました。

最後に一点、お父さんに伝えました。ともくんと遊ぶときに、相手をしているという感覚を捨て、自分も楽しむ気持ちで接してくださいと。

お父さんは「わかりました！」と、さわやかな口調で答えてくれました。これで、ともくんはもう大丈夫でしょう。「今日もまたひとつお土産をいただきました」そう笑顔で帰って行かれたお父さんの後ろ姿を、今でも鮮明に覚えています。

エピソード❸

勉強が苦手 ——こうきくん

出会いはこうちゃんが小学2年生のとき
勉強、苦手なんです…
あどけない♥
指導すると…
その…とき…にじの…むこう…からやって…
こくご
漢字も…
トリってどんな字?
計算も…
56−38=□
6×□=18
えっと〜
宿題ヤダ! でもやらないとお母さんに怒られる…
まだ内容が易しいうちになんとかしないと…
キョロキョロ

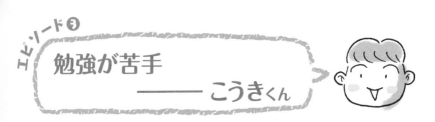

そうだ！
嫌な勉強を
こうちゃんが
好きな
鉄道の世界に
してしまおう！
時刻表
サラサラ
こうちゃんに
問題です！
サンダーバードが
金沢を8時15分に出て
大阪に11時06分に着きました
走っていた時間は？
おおぉ
無味乾燥な問題に
サンダーバードが
登場しただけで
嫌がらず解きました
さらに、こうちゃんにも
問題を作ってもらいます
どの電車が
いいかなぁ
ラピートかなぁ
それとも…
迷うな～
秋田新幹線
こまちも
いいよね～
あまりに
決められず
あみだくじを
作ったことも

わーい
ラピートだー！
「どっちでもいいから早くしよう」などと言えば、彼のわくわくした気持ちが消えてしまいます
大盛り上がり
気持ちを保つため、すべての問題に電車を入れ、ノートのいたるところに電車のシールや写真を貼りました
また、飽きてしまわぬよう問題を物語でつなげました。乗車時間は？駅弁の売り上げは？乗り込んだ乗客の人数は？
それらを解き進め、終点に着いたところでミッション終了！

こうちゃんは読書も嫌いでしたが、電車に関する本や図鑑ならば大人向けのものも読めるように
Nゲージ
鉄道
そこで国語の文章題もそれらの本から引用し、私が作成しました
こうして苦手だった勉強と大好きな電車が融合しました
やったー!
はじめお母さんは不安げでしたが…
もっと真面目に勉強してほしいのですが…
この年頃では真面目を求めると勉強がつまらなくなってしまうんですよ
楽しそうに学習するこうちゃんの姿を見て納得していただけました
熱海
浜松って漢字で書けるよ!
あら、すごいわね!
神戸
小田原
小倉
けれども依然として学校の勉強はつまらないまま
なんとかしなければ…
さんすう

そこで…
先生ごっこしない？こうちゃんに電車のこと習いたいの
私は私が得意な勉強を教えるから
いいよ
先生と生徒は20分交代ね！はじめはこうちゃんから
うん
私はこうちゃんの講義をノートを取りながら真剣に聞き、途中手をあげて質問します
ビシッ
はい先生！
その電車は1日に200人乗せると30日間で何人乗せることができますか？
200×30だから
えっと ー…
1時間に100キロメートルの速さで進むと3時間かかる大阪までの距離は何キロになりますか？
滋賀県の県庁所在地はどこですか？
しつこくならない程度に問題を投げかけます。怪しまれぬよう電車に関する質問も混ぜながら…
こうちゃんは必死に私の質問に答えつつ、大好きな電車の知識を披露してくれました
TRAIN

次は私が先生よ！
うん
もう電車問題は使いません。普通の問題も20分間、真剣に解くことができました
そして月日は流れ…
学校でも家でも電車がなくても前向きに解けるように
テストの点も徐々に上がり基本はバッチリ！両親も一安心
100
4月から弟もお願いします
この子はレンジャーに夢中です
ええ～っ!?!!

エピソード4

不満を抱える――りさちゃん

もうすぐ5年生になるりさちゃんは、学校の勉強でわからないところがちらほら出てきたので、お母さんが教えようとしますが、嫌がってやろうとしません。両親の話では、ひねくれた性格で、対応に気を遣うといいます。「先生にも悪態をつくかもしれませんが……」と気がかりな様子ですが、「そこはご心配なく」ということで、私の出番となりました。

はじめて会うりさちゃんは、あいさつもそこそこに「何するの？　どうせ勉強でしょ？　面倒くさいな」と、かったるい表情で吐き捨てるように言いました。問題集を使って様子をみると、できない問題にイライラし、その先に進もうとしません。

そこで、「ウノでもやろうか？」と明るく声をかけると、意外に「うん」と素直に乗ってきました。ウノが終わると少しスッキリしたのか、先ほどのできなかった問題をヒントに沿ってやりだしました。思いのほか集中して早く終わったので、最後にもう一回戦ウノをやり、元気に帰っていきました。私はほっと一安心。

（ご両親が心配しているほどでもないかしら……）

それからというもの、指導はウノを取り入れながら無理なく進めていきました。

しかし、数回やるうちに気になることが出てきました。毎回ここに来ると、カバンをドンッと置き、ぐったり疲れた様子で椅子に腰かけます。不満が胸中で渦巻いているかのようです。愚痴があれば聞き、ウノをしたり笑わせたりして、毎回帰る頃にはすっかり元気を取り戻すのですが、来るときはいつもそんな様子の繰り返しでした。

あるとき、「この問題集イライラする〜」と言って心の怒りに火がつきました。「〜解きなさい、だって！　超えらそう！」改めて見ると、問題文の語尾がすべて命令口調になっています。

R「失礼じゃない？　こっちがお客なのに！」

私「確かに！　〜求めなさい、〜書きなさいって、ちょっと上から目線だよね！」

そう言って私は問題集を預かると、すべての問いを「〜してください」「〜していただけたら嬉しいです」と書き改めました。なかには「〜していただけると誠に助かります（ペコリとおじぎの絵）」なども入れました。

次回来たりさちゃんは、大笑いしながら、気分を良くして頑張って解いていました。お母さんから、「先生には心を開いているようで……。帰ってくるといつも機嫌がいいので助かります」と言われるようになり、指導はすっかり軌道に乗りました。

3cm
4cm
5cm
面積を求めていただけるとまことに助かります
ペコリ

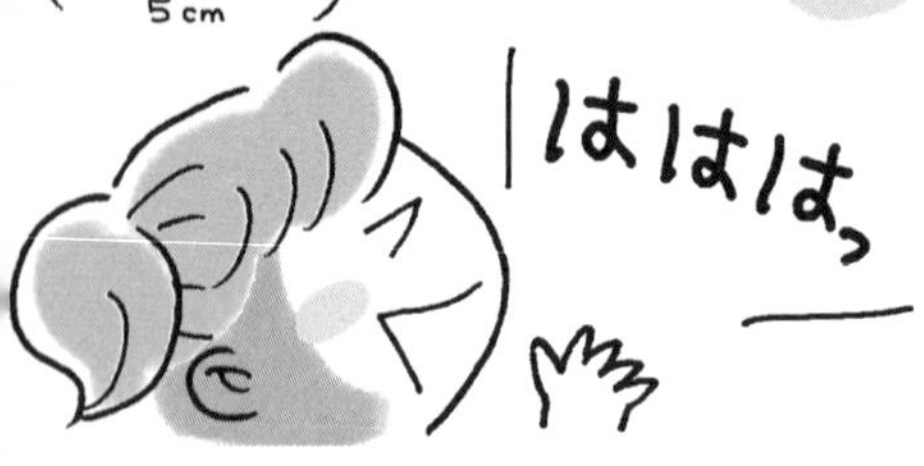
はははっ

勉強嫌いの真の原因とは…

けれども、こちらに来たときの心のモヤモヤした様子は相変わらず。お母さんの話では、家でもイライラして妹をいじめたり、文句ばかり言ったりするので、困っているとのことでした。

（何だろう……。りさちゃんのことをもっと知らねば）

そう感じた私は、りさちゃんに改めてたずねてみました。

すると、りさちゃんは、
R「学校も大変だけど、それよりか大変なのはうちのお母さんだよ」

私「お母さん？　何か嫌なことあるの？」

そう言うや否や、りさちゃんの気持ちが爆発しました。

R「あの人性格悪いんだよ！　妹とけんかして妹が泣くと、見てもいないのに私を責めるんだよ～。人がテレビ見ている途中に手伝いしろって言ってきて、断ると機嫌悪くなって面倒くさくなるし。言うこと聞かないと大変だし。それに、ご飯まずいから『他のがいい』って言うと『食べなくていい』って怒るし。学校で辛かったことを話すと、すぐに『それはおまえが悪い』って言い返されるし。もうヤダ〜、あんな家帰りたくない！」

と、せきを切ったように話しだしました。

話を聞くと、りさちゃんがわがままであるというよりは、腹を立てるのも当然の内容ばかりです。せっかくここまで勉強ができるようになったのだから、家でも気分良くいられたら、もっと伸びるはず。

（りさちゃんの不満の根本は、お母さんとの関係にあったか。これでハッキリしたぞ！）

それからというもの、りさちゃんは私のところへ来るたびにお母さんの愚痴を話しました。「あの人、外

面だけはいいんだよね。家では裸でウロウロしているくせに、人には早く服着ろってうるさいんだよね……」私は「そうなのね。大変だったね」と、ねぎらいました。一通り話し終えるとスッキリして勉強に取り組むようになったものの、このままでいいわけがありません。この先、りさちゃんは思春期を迎え、家庭はもっと大変なことになりかねません。

私はお母さんと話すことにしました。

母親から見る子ども像は真実？

お母さんの話では、ちょっとしたことですぐに怒ったり、気分を損ねたりする、妹をいじめたり、わがままを言ったりして困らせる、と、まるでりさちゃんが悪者でした。

私「りさちゃんは、気持ちがいつもスッキリしない様子ですが、こちらでは悪態をついたりするようなことはありません。もしかしたら、ちょっとしたお母さんとの行き違いが、ストレスになっている可能性があるかと……。ご家庭内で少しでも穏やかに過ごせるよう、対応のコツをアドバイスさせていただきたいのですが」

母「はい。ぜひお願いします」

子どもが悪いの一点張りの人も多いなか、お母さんが聞く気になってくれたので進展が見込めそうです。

私「どのように妹さんを泣かせてしまうのですか?」

母「家事をしているのでじっくりとは見ていないのですが、すぐ泣かせるので、つい、りさを叱ってしまいます」

私「そうですか。どの家庭でもよくあるトラブルですね。下の子はどうしても上にはかなわないので、泣くことで親の力を無意識に借りようとすることがあります。お母さんが見ていて、一方的にりさちゃんが悪い場合は叱っていいと思いますが、見ていない場合は、叱るのはやめたほうがいいですね」

母「そうですか」

私「もしも、妹さんが原因でけんかになったのに、見ていないお母さんから一方的に叱られたら、不快になるはずです。妹にうんざりし、姉でいることが嫌になるかもしれません」

母「言われてみれば、確かにそうですね」

私「お母さんとしては、下の子のほうがか弱く見えて守りたい一心で、上の子を責めてしまうんだと思います。そうであれば、トラブルが起きたときにりさちゃんを叱るのではなく、妹さんを慰めるようにしたらいいかと思います。そのほうが、きょうだい仲も良くなりますよ」

母「なるほど！　今度から、そうしてみます」

私「お手伝いに関してはいかがですか？」

母「お手伝いはさせたほうがいいとよく言われるので、させたいのですが、なかなか手伝おうとしません。強く言えば、ふてくされる

のでどうしたものかと……」

私「そうですか。お手伝いは〝させ方〟が重要なんです。子どもの成長を促すには、子ども本位のお手伝いにしなければいけません」

母「子ども本位、ですか？」

私「はじめは、すぐにできる簡単なお手伝いをたくさん頼みます。決して無理強いはしません。しなくて当たり前。したらラッキー、と構えていれば、お互いに気分を害することはありません。そして、してくれたときは、嬉しそうにお礼を言ってあげてください。子どもがふてくされるようであれば、お手伝いのさせ方が間違っているのです。まずは、りさちゃんがしやすいものから、期待せずに頼んでみてはいかがでしょうか。はじめはしないかもしれません。ですが、お母さんが気分を損ねずにいれば、そのうちするようになると思いますよ」

話は2時間ほど続きました。

私「今は大変かもしれませんが、お母さんとの行き違いが減ってくれれば、お互いのストレスが減り、りさちゃんの様子もどんどん変わると思います。これから難しい思春期に入りますので、今のうちに良い親子関係を築いてください」

母「わかりました！　頑張ってみます」

私「お辛いときは、いつでも連絡ください」

親子の溝が埋まるとき

次のりさちゃんの指導で、

私「お母さんに伝えてみたけど、どう?」

と聞くと、

R「若干良くなった！　ほんの1パーセントくらいかな」

と言いつつも、顔つきが柔らかいりさちゃん。その様子から、お母さんの頑張りがうかがえました。

そうして、りさちゃんの気分がスッキリしてきたところで、今度はお母さんのフォローを始めます。

私「この前、りさちゃんが忘れたテキストを届けてくれたんだけど、お礼言った？」

R「言っていないよ」

私「そうなの？　普通は届けてくれないよ！　お母さん優しいね」

R「お母さん今年もＰＴＡやっているんだよ。昨日も校長先生たちと飲んで、遅くに帰ってきた……。人には早く寝ろって言うくせに最低～」

私「そうなんだ。今年もって去年もやっていたの？」

R「うん。飲みに行きたいんじゃない？」

私「私もＰＴＡやったことあるけど、結構大変だよ。飲み会っていっても、先生方がいたら気を遣うし、心置きなく楽しめる雰囲気ではないかも」

R「ふ～ん。そうなんだ……」

私「でも、どうして、そんなことしてまでＰＴＡするかわかる？　それは、りさちゃんのためだよ。日頃から先生方と交流をもっていれば、いざ困ったときに相談しやすいでしょ」

R「……」

その日遅くにお母さんから連絡がきて、「今日は珍しく素直でした。何かお話されましたか？」と言っていました。

「少しずつ効果が出てきていますね！　お母さんが頑張っているのがよくわかります」と言って、電話を切りました。

その後も何度もお母さんとりさちゃんの間に立ち、対話を重ねました。お母さんは徐々に対応のコツをつかみ、りさちゃんは時折不満を言うものの、親子関係は良くなっていきました。メンタルが落ち着いたりさちゃんは勉強に対してもやる気を出し、これまで以上に集中し、意欲的に取り組めるようになりました。

しかし、りさちゃんの不満がすべて消えたわけではありません。すべて解消してあげたい気持ちはあるのですが……。「ご飯がまずいこと」と「お風呂上がりにお母さんが裸でウロウロしていること」だけは、いくら頭をひねってもうまく伝える言葉が思いつかずにいたのでした！

エピソード5

自信をもてない――あつしくん

あつしくんは勉強に自信がもてずにいました。お母さんの話では、「自信がない↓嫌い↓やろうとしない↓できない↓自信がない……」の悪循環で学校の宿題すら毎日やらせるのに苦労するありさまで、どうしたらよいものかと。実際に会ってみると、とりわけ勉強ができないというわけではないあつしくん。なのに自信がないせいで、「できない」と思い込むマイナス意識が円滑な学習を邪魔していると感じました。また、持っていた問題集は、あつしくんの実力よりも難しいものばかりでした。自信さえつけば、悪循環から抜け出す取っかかりがつかめそうです。

そこで私は〝問題集テクニック〟を試みました。

それは問題集の難易度を操作し、自信をもたせる方法です。同じ学年のものでも易しいレベルの問題集を買い、まずは算数からやらせてみました。もうすぐ2年生に上がる時期でしたが、復習という名目で、あえて1年生のものを使いました。

はじめは気が進まない様子でしたが、実際にやってみると……、解けます！「復習」「易しいレベル」「薄い問題集」というあつしくんにとって3つのラッキーが重なり、あっという間に解いてしまいました。

「あつしくん、本当に苦手だったの？　よくできるじゃない！」あつしくんは丸ばかりがついた問題集を見て、ホッとした顔を私に向けました。

しかし一方で、お母さんは難しい問題集をやらせたいと思っていました。そこで私はお母さんに、こう伝えました。

「難易度の高い問題を解くには、『解くぞ!』という強い気持ちが必要です。確固たる意識が、思考の助けとなるのです。まずは長い目で見て、あつしくんの自信をつける対処をさせてください。それが叶えば、思考力が必要な問題はきっとできるようになります」

お母さんは対策の意義を理解してくれました。

自信がつけば挑戦問題もラクラク

1年生の問題集が終わると、次は2年生の勉強です。これもレベルの易しいものにしたので、あっという間に2学期まで進みます。始めたときより気持ちが前向きになっていることもあり、教えるとすぐに理解し、問題集をやるとほぼ全問正解!「ぼく算数好きになってきた!」と言いだすほどでした。指導が終わると「お母さん、ここまで全部解けたんだよ~!」と得意顔。お母さんは、本音では(易しいレベルだからできて当たり前でしょ)という気持ちだったと思いますが、あつしくんに調子を合わせて、喜びます。

母「すごいじゃない！　あれだけ嫌がっていたのに、頑張ればできるじゃない！」

Ａ「うん！」

　こうしたやりとりで、毎回、素敵な空気のなかで指導を終えられました。

　また、ユニークな問題を作ってやらせました。そのひとつが、１００－32ができれば、機械的に１０００－４３８ができるというものです。桁が増えても、解き方のコツは変わらないからです。できるようになったあつしくんを見計らって、「あつしくん、６年生の問題やってみる？」と言って、１００００００－５７４２５９を出してみました。はじめは一緒に解きます。

　次に「ひとりで挑戦してみる？」と聞くと、「やる！」と答えました。問題をノートに作り、目立つように「６年生の問題に挑戦！」と書いてやらせてみると……、なんと正解が出せたのです。大きく花丸をつけ、「す

ごい！　2年生で6年生の問題が解けた！」と言って、ふたりで大喜びしました。

もっと挑戦したいと言うので、中学生問題！　そして高校生問題！　ついには一兆の桁－百億の桁の大学生問題にも挑戦し、見事正解してしまったのです！「すごい～！」私は飛び上がるほど喜んで、感嘆の声を上げました。そのような挑戦問題を時折出しては、盛り上がっていました。また、「できそうだ」というプラスの思い込みを植えつけるために、はじめて習う問題に対しては「簡単だよ」「この問題面白いよ」「繰り返せばできるようになるよ」と前向きな言葉をかけながら進めていきました。

そして2年生の夏休みに入る前には、3年生の問題集を解くことになりました。私の狙いは、そこからでした。子どもにしたら、習っていないことや学年が上の問題集は難しいと思っているものです。けれども問題集によって難易度はさまざまなので、実際には小学6年生の問題集よりも1年生のほうが難しいものもあります。

私はあえてあつしくんに、改まった言い方で伝えました。

私「次は3年生の問題集だよ！　難しくなるけれど、あつしくんならきっと大丈夫。算数得意だから」

A「う、うん」

少し緊張気味のあつしくん。ところが問題集を進めてみると、もちろん私のもくろみ通りテンポよく進みます。

私「す、すごいね！　あつしくん、3年生の内容なのにどんどんできちゃう！」

A「おれ天才かも！」

得意げになって解いていきます。解くペースは以前に比べて増しています。薄く浅い3年生の問題集は、夏休みのうちに終わってしまいました。次は4年生だー！

いよいよ思考力の問題にトライ

あつしくんの算数に対する自信は、絶対的なものになっていました。いつまでも浅く進めるわけにもいきません。4年生の問題集を同じように進めながら、以前できなかった難易度の高い問題を、あつしくんの調子が良く、「やりたい」という気持ちのあるときのみ、〝挑戦タイム〟と称して解かせてみました。目つきは自信にあふれ、真剣です。

「できるはずだ！」という思い込みがあることで、粘り強く考えて答えを出していきます。「わかった！　できたー！」レベルが高い問題は、できたときの喜びがひとしお！　以前は嫌って手をつけようとしなかった思考力の問題も、「これは勉強というよりクイズだよね〜」と声がけしながら、心軽やかにやってもらいました。どうしてもわからないときは、私にヒントを仰ぎます。「そっか！　わかった！」自信だけでなく、解く喜びを感じられるようになったあつしくん。それからは、浅い先取り学習から、少しずつ難易度の高い問題にシフトしていきました。

次は、国語に着手します。文章読解が苦手だったので、算数と同じ手法で、易しい問題集からスタートしました。

「説明文は宝探しだよ！　文中に答えがあるから、読むことに力を使ってやってみよう！　もし自分が問題の作者だったら、文中のどの言葉を答えにするかな？」

ふたりで読み進めながら、キーワードとなる言葉に線を引き、読み終わって問題文に目を通すと……。「あった！」そのなかに答えになる部分があると大喜びのあつしくん。「宝、見つかった！」そんな調子で、解く楽しさを味わわせました。

そして、「難しくなるというのは、文章が長くなって、難しい言葉が増えるだけ。解き方は同じだよ！」と励まし、気持ちを見計らいながら、無理なくレベルを上げていきました。


使う問題集や通う塾のレベルが高ければ、できるようになるわけではありません。かえってやる気をなくしてしまったり、できなくて自信をなくしてしまったりするお子さんもいます。

そのような場合は、問題集の特徴や心理作戦を上手に使って、自信を取り戻すように仕向ければきっと改善します。「できる！」という思い込みの力は絶大です。すっかり自信をつけたあつしくんは、算数がいちばんの得意教科になりました。

エピソード⑥

意外な悩みをもつ ―― ゆかちゃん

ゆかちゃんは小学4年生。素直で真面目でやる気もあります
お友達も多く毎日楽しく過ごす理想的な女の子
お母さんも思いやりのある優しそうな方
楽しく進められそう
順調に指導をスタートさせました
ところが、ひとつだけ問題が…
両親も悩んでいました
それは…
ゆか？

キャアァァァ
また寝てる!!
ゆかちゃんは究極の眠たがり屋さんだったのです
低学年の頃はよく寝る子程度でしたが4年生になり身長も伸びだすと、たびたび眠気におそわれるように
ふわぁ
健康で元気もありますが、いざ勉強を始めると…
こっくり
こっくり
早く寝てもさほど変わらず…
いろいろ試してみよう!
冷水で顔を洗う
眠気スッキリ
ミント
ガムをかむ
笑う

どうかしら
すっぱ!!
飛び上がるほどすっぱいアメをなめる
空腹を避ける
逆に空腹にする
メントールスプレー
効果なし…
ダメかぁ…
ぱたり
アクション映画でも気づくと寝てるんです…
バキューン
ウーウー
ドドドドド
ガガガガ
ワーワー
すやすや
すっすごい…
病院でも悪いところはないと言われて…
いつの間にか私は眠気との闘いをフォローするコーチに転身
眠くないか
<
理解できたか
大丈夫?

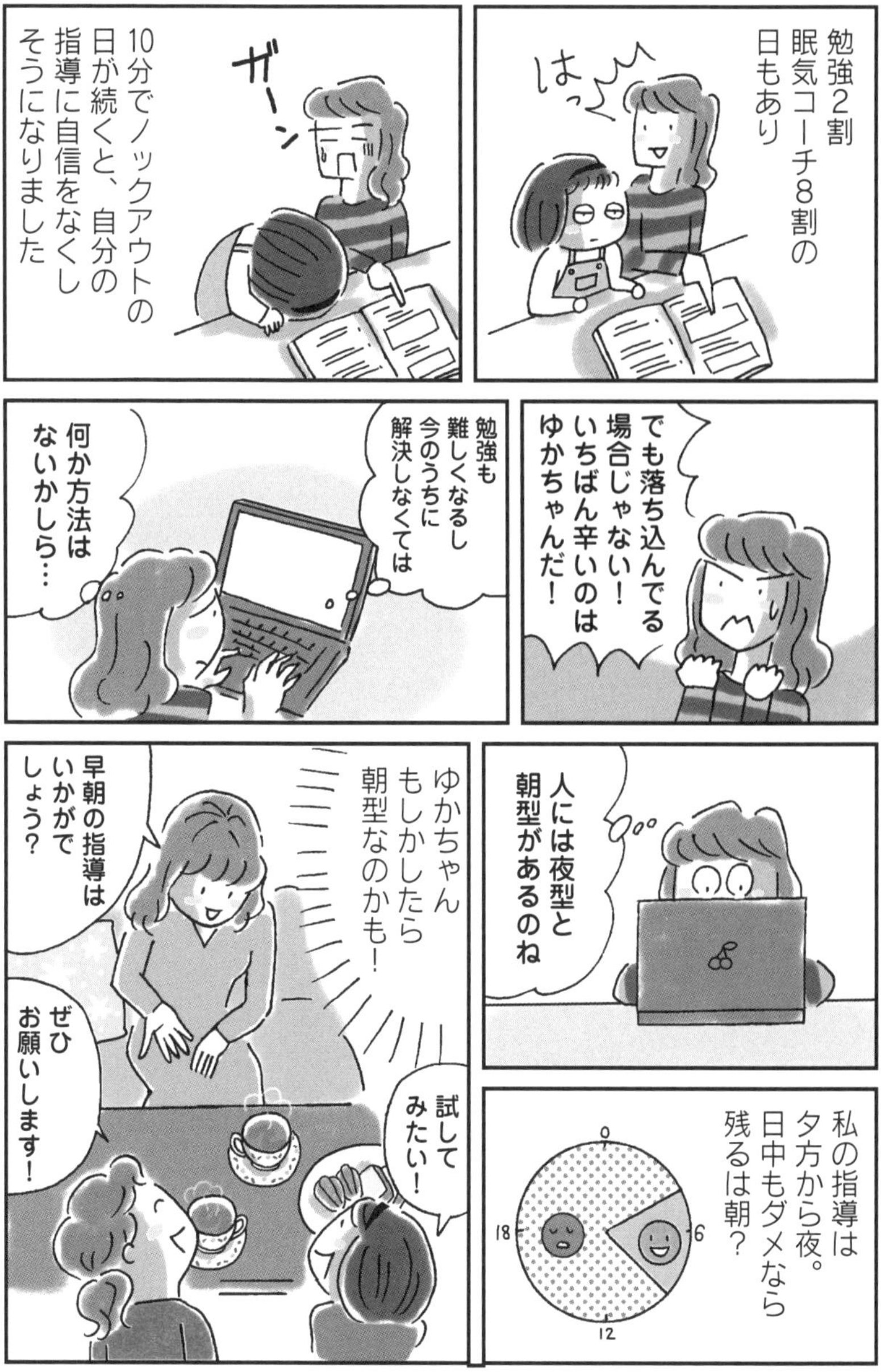
勉強2割
眠気コーチ8割の
日もあり
はっ
ガーン
10分でノックアウトの
日が続くと、自分の
指導に自信をなくし
そうになりました
でも落ち込んでる
場合じゃない！
いちばん辛いのは
ゆかちゃんだ！
勉強も
難しくなるし
今のうちに
解決しなくては
何か方法は
ないかしら…
人には夜型と
朝型があるのね
私の指導は
夕方から夜。
日中もダメなら
残るは朝？
0
6
12
18
ゆかちゃん
もしかしたら
朝型なのかも！
早朝の指導は
いかがで
しょう？
試して
みたい！
ぜひ
お願いします！

では次回、早朝5時に!!
そして当日
Pi Pi Pi Pi Pi
ん〜
さあ出発!
二月の早朝の寒さが身にしみる〜
ピンポーン
??
ギョッ
おはようございます
おはようございます
まぁ♥
着替えもバッチリ準備OK!

たっぷり寝た？
はい
ツヤツヤ
成功しそう
今日は彼女の歴史に残る日になるわ！
よし！
さぁ！始めよう!!
まずは前回の復習よ！覚えてるかな？
順調ね！
えっと〜これは…
正解！
いい感じ
じゃあ次の問題は…
夕方よりいけそう！
はっ

ちょっとごめん！1分で戻るから
②番解いててね！
せっかくいいところだったのに！
冷えちゃったよ〜
お待たせ！
ぐらん
ぱたっ…
ゆかちゃん起きて！
ねぇゆかちゃん!!
ゆさゆさ
がっくり
その後何をしても起きません。結局朝もダメでした
最後の望みで、一時期流行った睡眠学習を調べてみましたが効果が期待できるものではありませんでした
次の指導日…
ゆかちゃんもお母さんもがっかりしているだろうな…
とぼとぼ
ピンポーン
こんにちは〜

こんにちは
こんにちは
先日はありがとうございました。おかげでスッキリしました
これもゆかの実力だと受け入れて前向きに頑張ります
ねっ！
へへっ
すごい！私も母になったらそのように割り切れるかな
「やるだけやって諦める」そんな肯定的な諦めが子育てには必要なんだと気づかされました
その後は彼女のペースに合わせこまめに睡眠をとりながら指導を進めて
15分間勉強
3分間休憩
少しずつ勉強もできるようになりました
75
85
90
何よりも素直で思いやりのある素敵なお嬢さんに成長していきました

親子間の指導はなぜ難しいのか

エピソードいかがでしたか？　工夫の効力はとても大きいのです。ぜひお子さんの個性に合わせて、工夫をこらしてみてくださいね。

ただ、先にあげたエピソードは、先生と生徒という関係によるものです。親子ではそう簡単にいかないと思われるでしょう。確かに、「親は優秀なコーチにはなれない」とよくいわれます。なぜ、「生徒」だとうまくいくのに「わが子」だと難しいのでしょうか。それは、自身の子育てにおいても興味深い点でした。

そこでいきついた答えが2つあります。

ひとつ目は、わが子だと生活をともにしているので、家事の合間に勉強をみることになります。すると、落ち着いた勉強時間を確保することが難しく、幼いきょうだいがいる場合はさらに困難になります。

ふたつ目は、親子は他人に比べて遠慮がありません。週に数回程度の短時間、接する先生とは、いい意味での緊張感をもって過ごせます。子どもも生徒という立場であれば、多少疲れていても我慢して取り組もうと努めるでしょう。

しかし、親子関係では、そうはいきません。親子ともに身内という甘えが出てしまうため、スムーズな学習が難しくなるのです。

そうしたことを踏まえたうえで、私がわが子と向き合ったエピソードをご紹介いたしましょう。

わが家のドタバタ体験記

4人の息子のうち、当時小学生だった長男と次男は、友達との外遊びが大好きな天真爛漫な性格で、机に向かってじっとしているタイプではありません。知的好奇心がなく、机上で勉強することを好まず、コツコツやることも苦手で、学習においては難易度が高い子どもたちでした。わりと単純だったので、乗せやすくはありましたが……。

当時の私は中学受験を主にした塾を経営していたので、周囲は当然、中学受験をさせるものだと思っていたようです。私自身もこれまでのキャリアをもとに、息子たちと楽しく受験勉強ができると、内心楽しみにしていました。

けれども、息子たちの資質を考えると、中学受験に向かないのは明らかです。学習塾を運営する立場として「難関校」にでも進学できたらありがたいとは思いましたが、中学受験の実態を知り尽くしていたので、無理強いしたのでは大切なものを失うと思い、きっぱりと断念しました。

5年生になるまでは、学校で使用する以外の問題集は最低限にしぼり、生活のなかで無理なくできることを取り入れました。

幼児の頃は、保育園の送り迎えの5分を利用して、足し算をやったり、掛け算の九九を覚えさせたり、単位クイズ（船は何て数える？　靴は？）をしたり……。息子たちが必ず解ける易しいレベルから始め、気分を上昇させてからレベルを上げていきました。

決して強制せず、「クイズする？」と聞いて「する」と言った日だけやりました。

5分という短さも息子たちにとってはぴったりで、「もう少しやりたかった！」と思わせる理想的な時間だったと思います。

その他にも年齢に合わせて……

✿すごろくでは、サイコロを2個にして合計した数で進む。または、差の数で進む。

✿トランプのババ抜きでは、1～9までのカードを使い、2枚の合計が10になったら捨てられる。もしくは、13までのカードを使い、14の補数（2枚の合計が14）とする。

✿お菓子作りでは、倍の量を計算させて、はかりで測らせる。できたピザやパンケーキを、4等分や6等分、8等分、9等分、12等分などに切らせる。また、4等分したものをさらに半分にするとどうなるか、などを実際にやらせて、概念を植えつける。

小学校に上がる頃になると、人生ゲームやモノポリーをやりました。計算プリント

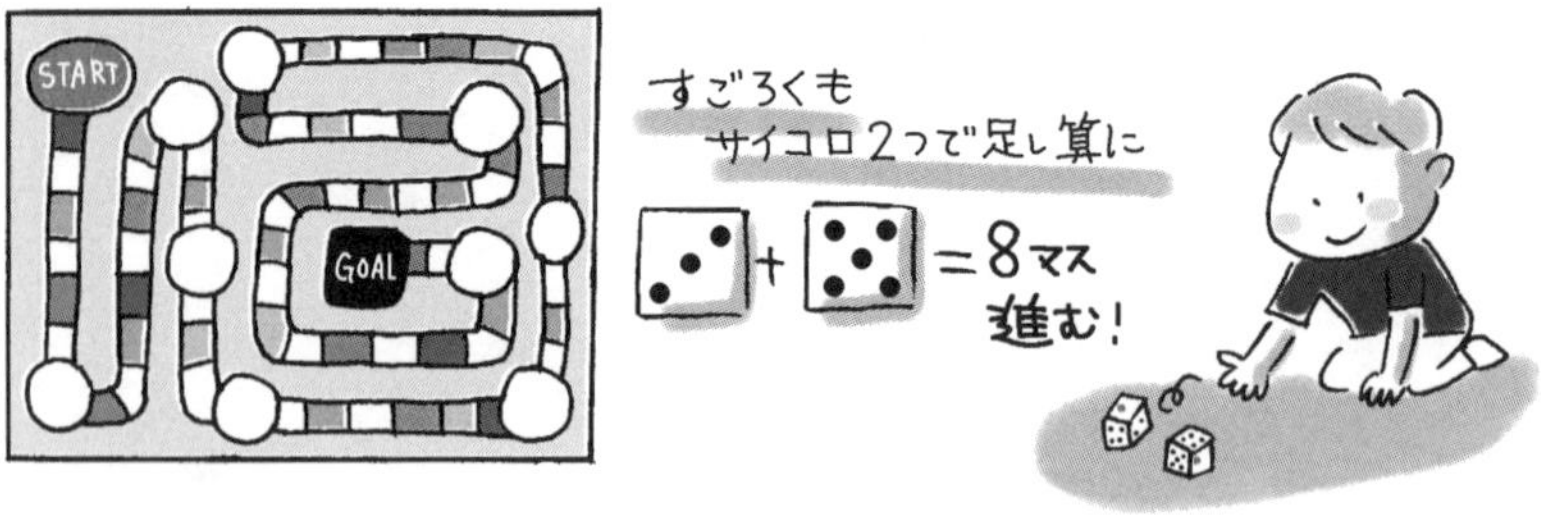
START
GOAL
すごろくも
サイコロ2つで足し算に
＋ ＝8マス
進む！

ババ抜きは
1～9のカードを使って
合計10で出す
3と7
だ！

6等分は
どう切ればいいかな？

おかしを
4等分にして
画面を
180度回転して！
道を直角に
曲がって
「さりげなく」が
ポイント！
牛乳を
2リットル
買おう

を渋る息子たちも、ゲームではほいほい銀行役になってお金の計算をしました。

電車で移動するときは、メジャーを持参し、手首の周りやポケットの長さを測って遊ばせました。

車で出かけるときは、前を走る車のナンバーの4つの数字を四則演算で計算し、誰が早く10にできるかを家族で競いました。

また、息子たちは『SASUKE』の番組が大好きだったので、「頭のサスケ」と称して、1問10ポイント、難問は30ポイントで、私が出すクイズに挑戦させました。貯まったポイントを10点=10円で換算し、出かけた先でソフトクリームやおやつを買っていました。

その問題は
「1・2メートルは何センチ？」

「時速20キロで4時間進むと何キロ？」

「6以上9未満の整数は？」

「ご飯を10杯食べるには、何回おかわりをすればいい？」

など。

やるかやらないかは子どもたちが決めます。兄がやる、弟はやらないというときは、兄と私のふたりで始めます。楽しそうに盛り上がる様子を見て、あとから弟が参加することもたびたびありました。途中退場も、もちろんＯＫです。

問題集をやると「〇ページまで」と決めてから始めるので行き詰まるときがありましたが、サスケではそのようなことはありません。

その他にもいろいろ試しました。

✿私が家庭教師役、子どもたちが生徒役として、他人のふりをしてやってみる。

✿集中力を高めるために瞑想をしたり、思い込みの効果を利用するために「集中力強化ＤＨＡサプリ」を飲んだり、パワーストーンの効果に頼ったり……。

こうして遊びのなかに学びを取り入れながら、子どもたちの能力に合わせ、学校でのテストを長男は100点を、次男は80点を目標に、それぞれ頑張っていました。

来年、長男は大学生、次男は高校生になります。長男は高校に上がってから大好きな音楽を猛勉強しはじめ、次男は野球に夢中です。子どもに求めることは人それぞれだと思いますが、私個人の場合は、健康で親子でたくさん会話をしたり、楽しく学校に通えたり、兄弟が仲良く過ごせたりすることがいちばんだと思っています。

また、ちょっとしたことなのですが、兄ふたりが弟たちのつぶやきや問いかけに対して、丁寧に答えていることが何より嬉しく思います。保育園のお迎えや遊び相手もよくしています。いろんな失敗やトラブルもありましたが、これで良かったと心から思っています。あれこれ試行錯誤した経験も今となっては甘美な思い出です。

よくある質問のひとつに、「働いているので時間がない」「下に幼いきょうだいがいるのでゆっくり見られない」といったことがあります。机上以外の勉強はすき間時間を使えるので、ぜひ活用してみてください。どのような内容をしたらよいかわからないときは、教科書や問題集がヒントになると思います。

親子で円滑に勉強を進める6つのコツ

1 子どもの状態や個性に応じ、好きなことに結びつけて勉強させたり、問題集の難易度を調整したり、ゲーム感覚でしたりするなど、工夫を用いてテンポよく進めましょう。

2 課題の内容や量を子どもと一緒に決め、子ども主体で、納得して取り組めるようにしましょう。

3 「やりたくない気持ち」を尊重しましょう。

子どもは機械ではないので、日によっていろいろです。やりたがらないときは、「明日やる」「○曜日にやる」など、振り替える日を子ども自身に決めさせます。それでもやらないときは、約束を守るよう伝え、さぼり癖をつけないためにも毅然とした態度でやらせましょう。課題がたまるようであれば、定めた量が多いのかもしれません。調整を試みましょう。

4 親がイライラしているときは、一緒にやるのをやめましょう。

滑りだしが順調でも途中でイライラしてきたら、潔く中断しましょう。中断する場合は、「時間を空けてからやろうね」と優しい声がけに努めてください。

5 ふざけるときは、しっかり注意しましょう。

楽しく仕向けると、子どもがふざけることがあります。いき過ぎた場合は「楽しんでやるのとふざけるのとはちがうよ。勉強中はふざけないでやろうね」と伝えましょう（メンタル回復以外のお子さんの場合）。

6 完璧を求めず、細かいことは大目に見ることも必要です。

頑張って作業しているときに、細かく指図されることを子どもは嫌がります。注意するときは言い方に留意して、気持ち良く進められるよう努めましょう。

いかがですか？　すべてを一度にできなくても構いません。受け入れられそうなものから取り入れて、少しでも円滑に取り組めるよう、工夫してみてくださいね。

勉強は今だけでなく、これから先ずっと、場合によっては一生続けていくものです。ですから、小さいうちに勉強に対して嫌な印象をもってしまっては可哀そう。極力楽しく、前向きに進められることが大切です。そのほうが長い目で見たときに、先々の学習や親子関係において吉と出ます。

勉強はメンタルと密接に関わっています。長年たくさんの子どもたちと向き合ってきた経験から、**メンタルを整えることでその子のなかでの最高の伸びが期待できること**がわかりました。

メンタルは、ちょっとした親の言動や態度、人や物事を見る目などから、無意識に子どもに伝わります。子どもは生まれもった個性だけでなく、親や周囲から影響を受けながら成長していきます。

お子さんに良い影響をたくさん与えられる親になるためのヒントとして、次章では実際に出会った「幸せ母さん」「フキゲン母さん」のちがいをご紹介しましょう。

4章

「幸せ母さん」と「フキゲン母さん」

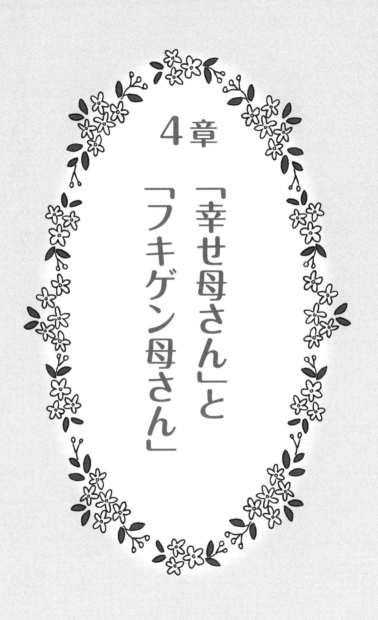

子どもが親から学ぶこと

子どもはいろいろな個性をもっていますが、そもそも純粋無垢な状態で生まれ人生をスタートします。10歳頃までの子どもの物事に対する概念づけは、主に親（養育者）の姿勢を見て植えつけられます。

たとえば幼い子どもが外を散歩している途中、犬と出くわしたとします。同行している親が「あら、可愛い」と言えば犬は〝愛らしい生き物〟という概念が身につきます。けれども、「わー怖い！」と恐怖をあらわにして避けたとしたら〝危険な生き物〟という概念が身につくでしょう。

それと同じように、親が周囲の人をどのように感じて接するかで、子どもの他者に対する信用や見方が変わってきます。

たとえば、レストランにて店員さんに横柄な態度をとっていると、子どもはそれが自然なことだと認識し、知らず知らず横柄な態度をとるようになるでしょう。悪い部分も親の背中を見て育ってしまうのです。また、見えるもので判断する人もいればそうでない人もいます。学歴や財力、肩書など。しかし人間の価値はそれだけでは測れませんよね。

また、このようなことがあって驚いたことがあります。

ある小学3年生の男の子が、はじめて会うなり「うちのお父さんは弁護士だから、えらいんだ」と言うのです。

きっとそう思い込ませる要因が周囲にあったのでしょう。

年齢的にまだ幼いので変わる可能性もありますが、そのまま大人になってしまう人もいます。幼い頃に刷り込まれた思い込みの概念は根深く、子どもの一生を左右しかねません。

次にあげるエピソードは、私が家庭教師をしていた頃の体験です。家庭教師に対しても親の捉え方や対応はまるでちがいます。また、どの家庭でも「**自分の家が当たり前**」だと思っています。子どもは親を見て知らぬ間に、人への対応を学んでいます。

「子どもを支えてくれる人」として誠意をもって対応してくれるDさん宅
いらっしゃる前に冷房を入れておいてね
はーい
ドアを開けたら先に先生をお通ししてね
どうぞー!
ありがとう
お茶です
あら!? 欠けたお皿のほうはあなたね
ヒソ ヒソ
うん
さり気ない気づかいが素敵
こんなしつけ方もあるのね

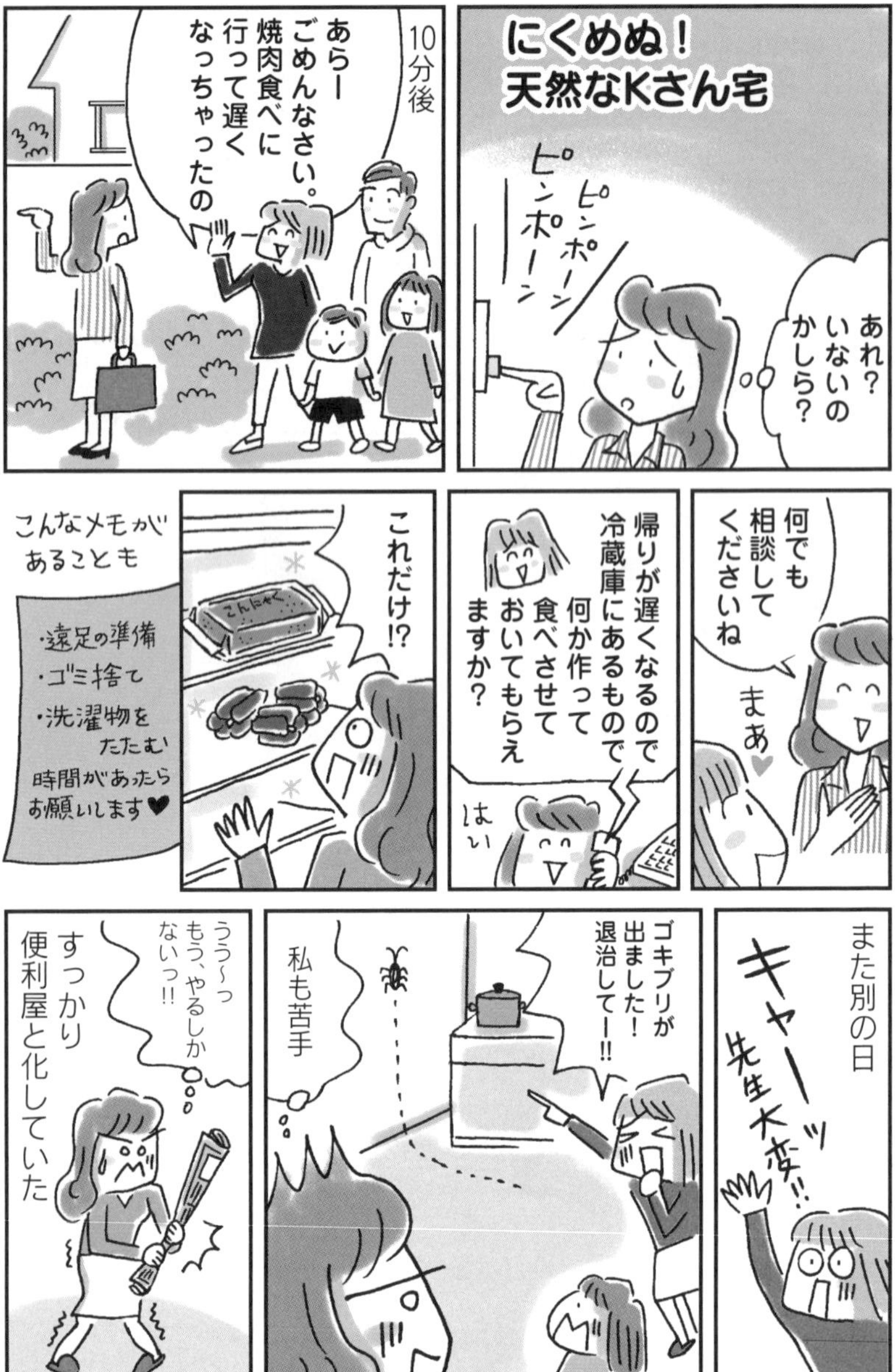

にくめぬ！
天然なKさん宅
ピンポーン
ピンポーン
あれ？いないのかしら？
10分後
あらーごめんなさい。焼肉食べに行って遅くなっちゃったの
何でも相談してくださいね
まあ♥
帰りが遅くなるので冷蔵庫にあるもので何か作って食べさせておいてもらえますか？
はい
これだけ!?
こんにゃく
こんなメモがあることも
・遠足の準備
・ゴミ捨て
・洗濯物をたたむ
時間があったらお願いします♥
また別の日
キャーッ先生大変!!
ゴキブリが出ました！退治してー!!
私も苦手
うう～っもう、やるしかないっ!!
すっかり便利屋と化していた

特別扱いの
Mさん宅
次回の予定を変更していただけますか？
Schedule
もちろん大丈夫です！ありがとうございますっ！本当に申し訳ありませんっ!!
ペこ
ペこ
恐縮
このお茶おいしいですね
次回…
先生が気に入られたお茶です
どうぞ
Tea
このお菓子とってもおいしいですね
次回…
先生がおいしいと言われたお菓子です。どうぞ
お家素敵ですね…お父様素敵ですね、なんて言ったらどうなるんだろ…
うかつなことが言えなくなりました（笑）

思い込みのはげしいHさん宅
家庭教師の初回日に
この人があなたの成績を上げてくれる人よ!
理解が遅く暗記も苦手。注意力もなくスピードも遅い…しかも、やる気もないWくん
受験までラスト3カ月
いくつかの塾に見放され家庭教師に望みをたくした
B塾
No!
C塾
A塾
No!
No!
今までダメだったけど
今度は絶対に大丈夫よ!この先生を信じなさい!
私どのように紹介されたんだろ??
本人の努力もなければ成果は…
偏差値をあと30上げてもらえますか?
私、魔法使いじゃないんだけど…

幸せ母さんとフキゲン母さん そのちがいとは!?

このように、それぞれの家庭によって親の考え方や態度、人への接し方には大きな差があり、それが子育てに大きく影響しています。

今までの章では、子どもの個性によって、子育ての方法や悩みが変わるということをお伝えしてきましたが、本章では「幸せ母さん」と「フキゲン母さん」というふたりの様子を比べることで、子どもへの影響力を見てみましょう。きっと良好な親子関係を築くヒントが見つかりますよ！

幸せ母さん
フキゲン母さん
いつもニコニコ
温かく寛容♪
忙しい毎日のなか、
その余裕は
どこから!?
なんだかイライラ
ピリピリ！
つい、あれこれ
口うるさくなって
しまうことも…

子どもがしたい「困ったこと」にどう対応する？

フキゲン母さんの場合

コーヒー飲んでみたい
だーめ!!
マニキュアしてみたいな
ダメよ!
子どものつめには良くないのよ!
ギョッ!!
何そのマンガ!!
これはママが預かるわよ!
ママに見つかると面倒くさい

子どもの興味のあるものに対して一方的に否定するのは良くありません。取り上げたところで関心事が失せるわけではありません。親に隠れてするようになったり、話さなくなったりして、関係に溝ができてしまいます。

幸せ母さんの場合

親にとって「困ったこと」であっても、子どもの気持ちをくみ取り、折り合いをつけて対応しましょう。親は学びのあるものに興味をもってほしいと願うものですが、子どもの興味の対象はそれぞれです。大人が受け入れにくいものほど、受け入れてもらえたら安心して何でも話せるような関係になるでしょう。

一貫性がある姿勢はどうしたらできるの？

フキゲン母さんの場合

宿題終わらなかったら明日○○ランド行かないよ！
ダラダラ
終わらなかったけど…
帰ったらすぐやるのよ！
さあ出発!!
うん
時間守らなかったらゲーム捨てるよ！
う〜ん
守らなくても捨てない
お母さんはいつもおどすだけ！

一貫性がないと子どもは混乱し、親の言いつけがおどしであることに気がつきます。

そして、親の言うことを聞かなくなります。すると、「困った子」とされてしまいます。

けれども、その原因は親にあるのです。

幸せ母さんの場合

両親の悩みの種は…
マイペースで
いつも
ギリギリまで
課題をやら
ないNちゃん
この日までに終わら
なかったら旅行
連れていけないよ！
今は
7月末
旅行は
8月末
8
約束よ！
うん
わかった
ところが変わらずの
マイペースぶり…
約束の前日
慌てて始め、徹夜で
取り組むも…
約束の日
課題終わら
なかったから
私たちはお留守
番するね
えー
約束は
守らな
ければ！

お母さんは、娘を責めることなく留守中に一緒に課題を終わらせました。子育ては楽しいときもたくさんありますが、子どもの成長を促すために忍耐が必要になるときもあります。言いつけを守る子の親は、自身の言動に対してそれなりの責任と損失を覚悟しています。それゆえに、子どもからの信頼を得ることができるのです。

また、親の都合や機嫌の良し悪しによって、このようなことはありませんか？

日常をともにする子どもとの生活のなかで、一貫性をもつことは容易ではありません。ブレないためにはどうしたらよいのでしょうか。

Column

ブレない叱り方を身につける！

「叱ること叱らないことリスト」作成の勧め

「前回は叱られなかったのに今回は叱られた……」とあっては、子どもは混乱してしまいますね。叱ること叱らないことの線引きをはっきりさせるため、書き出してみると気分に左右されにくくなります。

叱らない
・こぼす
・お皿などを割る
・その他の過失
・なくす
・忘れる
対策を話し合う
叱る
・時間を守らない
・約束を破る
・ご飯中、勉強中にふざける
・その他故意にやったこと
書き出してみよう！

誰にでも起こり得る失敗は叱らず、どうすれば失敗せずに済んだか振り返ることで、子どもが成長するきっかけをもたらします。

子どもとの「約束事」守れていますか？

フキゲン母さんの場合

スーパーで
あ！
これ買いたい
パンダクッキー
次来たときね
次の買い物のとき
これ欲しい
カラフルグミ
また今度
今日は買って！
また今度！
いつも〝また今度〟で買ってくれたことないじゃん
カラフルグミ

ちょっとした親の一言を、子どもはよく覚えています。軽はずみな言動は悪気がなく、癖になってしまっている方も多いのではないでしょうか。また、それが続くと、子どもは親の言葉を素直に受け入れられなくなってしまいます。

「また今度！」「あとで聞いておくね」「調べておくわ」「そのうちね！」など、口にしたことは、催促される前に必ず行いましょう。約束は小さければ小さいほど、守ったときの価値が増します。小さな約束を守って育てられた子は、いずれ、口にしたことをしっかり守れる大人になるでしょう。

ショックな子どもの発言にどう対応する？

フキゲン母さんの場合

キャンプに行く直前
一緒に行くTくんとけんかしちゃったから…
キャンプ行きたくないな…
えーっ!?
無理よー。キャンセル料もかかるしー
誘ってくれたTくんママに今さら断れないわよー
行けば楽しいよ！
行ってきなさいよ
チェッ
ぼくの気持ちなんか、どうでもいいんだ…

都合の悪い発言をされたときは困るものです。内容によっては金銭がからんだり、相手に伝えにくかったりすることもあるでしょう。けれども、子どもの都合や気持ちに配慮した対応に努めましょう。

幸せ母さんの場合

キャンプ行きたくないな…
あら？どうしたの？
Tくんとけんかしちゃったんだ…
そうだったのね
どんなことがあったの？
そんなことがあったのね。それじゃあ行きたくなくなるよね
じょじょにスッキリ
Tくんのお母さんにもそれとなく話してみるね
もう申し込んだんでしょ？やっぱり行くよ
いってきまーす！

不都合なことがあったときに、親のメンツを優先させるのか、子どもの気持ちを優先させるのかは人によってちがいます。子どもの気持ちを優先して対応すれば、子どもは落ち着きを取り戻し、結果的に良い方向に向かうことが多いのです。「ピンチはチャンス！」で、親子の仲もぐっと深まります。

子どもがダラダラしているとき、どうする？

フキゲン母さんの場合

子どもがダラダラしていたり、ボーッとしたりするなど、親にとって価値がないと思える行いに対して、「怠けて無駄な時間を過ごしている」と思っている親御さんは、ついつい、きつい言葉をかけてしまいがちです。

親が知らない「学校で過ごす子どもの一日」は、意外に大変です。そのような認識があれば、せめて自宅ではくつろげるようにしようという気持ちになれるのではないでしょうか。ボーッと過ごすことは決して無駄な時間ではありません。自宅でくつろげた子が外で頑張れるのです。

「未来」よりも「今」を大切に過ごせてる？

フキゲン母さんの場合

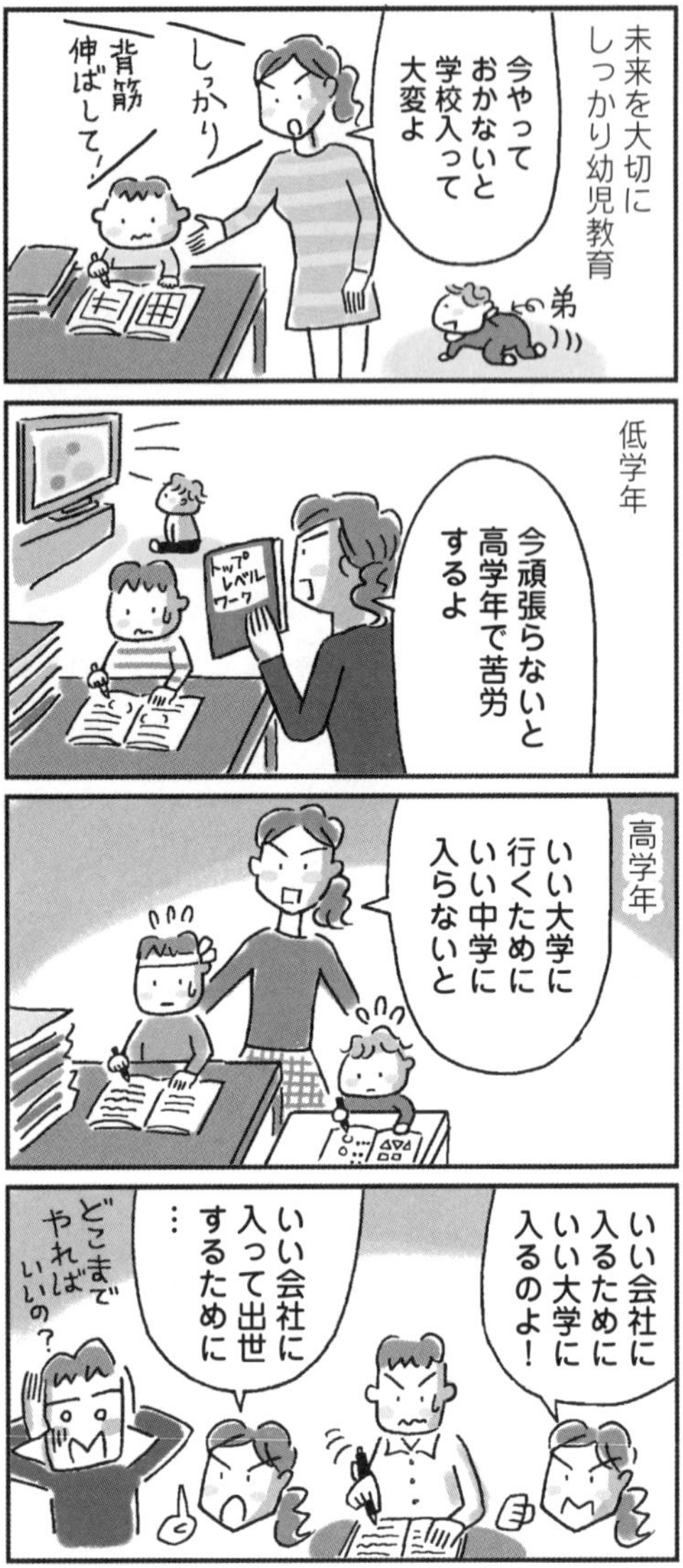
未来を大切に
しっかり幼児教育
今やって
おかないと
学校入って
大変よ
しっかり
背筋
伸ばして！
弟
低学年
今頑張らないと
高学年で苦労
するよ
トップレベルワーク
高学年
いい大学に
行くために
いい中学に
入らないと
いい会社に
入るために
いい大学に
入るのよ！
いい会社に
入って出世
するために
…
どこまで
やれば
いいの？

フキゲン母さんは常に「未来」のために「今」を犠牲にした生活を子どもに強いています。物心つく頃からアリとキリギリスの話をたびたび聞かされ、大企業に入ればラクしてお金が稼げるといったイメージをもっている子どももいます。

幸せ母さんの場合

今を大切に
楽しい思い出を
たくさん作りたい
低学年
いろいろ
体験させ
たいわ
自然体験
高学年
旅行
家族団らん
中学生
部活
やらなきゃ！
高校受験

家族と楽しく過ごした経験は、人生の貴重な宝物になります。親が馳せる思いはつい、「可愛かった過去」や「手のかからない未来」になりがちですが、「今の輝き」をいちばんに感じましょう。また、人生は一日一日つながっています。「今を大切に過ごすこと」が「未来を大切にすること」につながるのです。

日々の「声がけ」で、どのように伝えてる？

フキゲン母さんの場合

汚いから早くお風呂に入りなさい
とぼとぼ
ちゃんと食べなさい！
早く食べなさい！
おもちゃ早く片付けなさい。捨てちゃうよ
宿題ちゃんとやらないと減点されるよ！

フキゲン母さんの声がけでは、食べなきゃいけない、寝なきゃいけないなど、すべてが「しなければならないこと」のように感じられ、消耗します。日々の声がけは癖になっている可能性が高いので、一度見直してみましょう。

幸せ母さんの場合

幸せ母さんはプラス思考なので、「お風呂気持ちがいいよ」「疲れたからぐっすり寝ようね」と、日常の行いに対して常に明るい声がけを行い、それが心地良い響きとなって子どもに伝わります。日々何気なく使っている言葉に留意するだけで、受け取る側の印象はぐんとアップするので、ぜひ試してみてくださいね。

子どもへの「期待値」はどのレベル？

フキゲン母さんの場合

クラス委員になったら？
選挙で選ばれなかったの…
今度の劇の主役誰？あなたやらないの？
脇役になったとは言いにくい
中学は有名私立に行きなさい
えーっ!!
大量の問題集
どさっ
将来は医者に！
私はスーパーマンじゃない！

愛するわが子に期待するのは良いことですが、期待値が高過ぎると負担になります。親子関係が悪くなったり、親の期待に応えられない自分の能力にふがいなさを感じたりして辛い思いをさせてしまいます。

幸せ母さんの場合

親の適度な期待が子どもを伸ばします。わが子の能力や特性をよく観察して見極めましょう。親が期待していることを子どもに話したときに、嬉しそうにうなずくようであれば期待値が子どもに合っていますが、嫌な顔をしたときは期待値が負担になっている可能性があります。ぜひ、子どもが喜ぶ期待をかけてあげてくださいね。

「子どものためにしたいこと」はどんなこと?

フキゲン母さんの場合

この服買ってきたよ！かわいいでしょ？
ブランドでけっこう高かったんだけどね
そんなフリフリやだ～
図鑑セットで買ったの！読みなさいね
ずらり
全然興味ない…
ええ～っ
海外へ連れていきたいわ
パスポートを取りツアーも予約。予定もバッチリ
ハワイ
疲れた!!
次は観光その次は買い物！
こんなに一生懸命やってあげてるのに、何が不満なのかしら?

「子どものために」と考え、手を尽くしているのに、なぜかうまくいかない場合は、「子どものため」と言いつつも、「親がしたいこと」に手を尽くしているからではないでしょうか。

幸せ母さんの場合

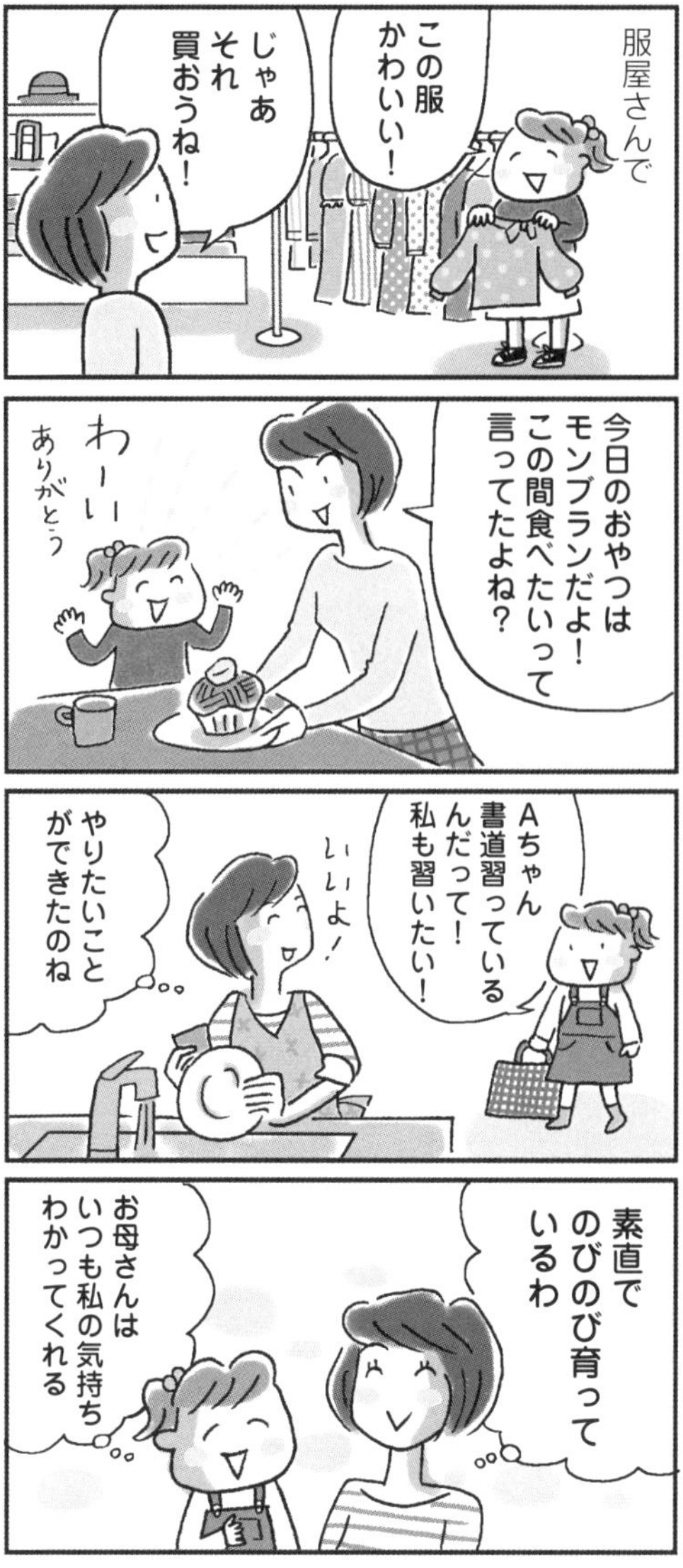

「親が子どものためにしたいこと」は、わが子を思ってこその素晴らしい行為ですが、時として子どもの負担になる場合があります。親子関係がぎくしゃくしている方は、「子どもが望んでいるのか」に留意し、自身の行動を再確認してみることが解決の糸口につながるでしょう。

「子どもとの関わり方」どのようにしてる？

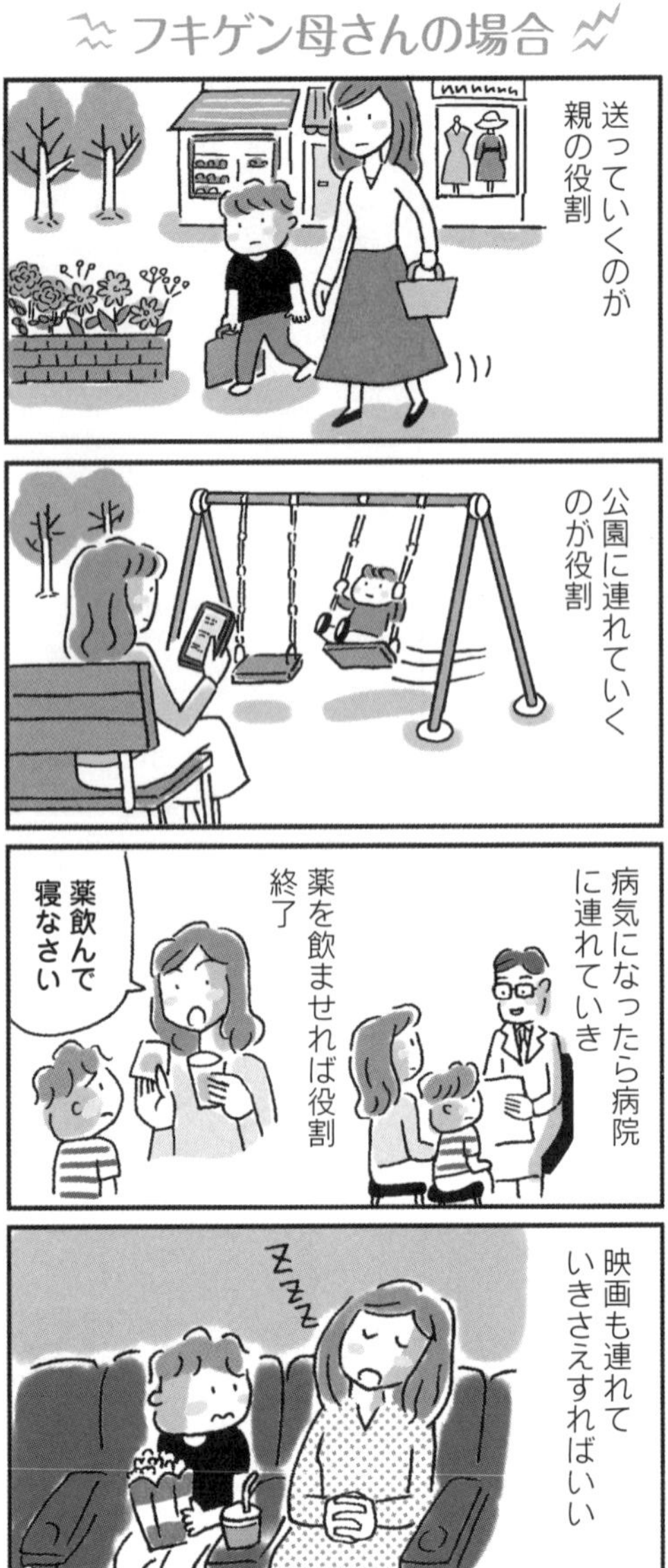

フキゲン母さんの場合
送っていくのが親の役割
公園に連れていくのが役割
病気になったら病院に連れていき
薬を飲ませれば役割終了
薬飲んで寝なさい
映画も連れていきさえすればいい

フキゲン母さんは子どもの気持ちにあまり関心をもたず、「送っていく」「薬を飲ませる」などの行為だけが親の役割だと思っています。

幸せ母さんの場合

送っていきがてら楽しい会話
あっ!!
見て!! かわいい お花！
えっどれ？
母も一緒に遊ぶ
子の辛さをくみ取り励ます
熱いよー
頭痛い〜
辛いね。薬飲んだから、じきに良くなるよ
一緒に楽しむ
あのシーン面白かったよね

幸せ母さんは、子どもの気持ちを察したり思いやったりしながら、行動だけでなく会話を心がけています。どちらのケースも親子それぞれが「当たり前の日常」と認識していますが、幸せ母さんは目に見えないメンタルに敏感で、親子の絆をしっかりと育んでいます。

「子どもの失敗」どのように受け止める？

「失敗＝トラブル」と認識しており、怒ったり責めたりするだけなので、成長に結びつけられないどころか、嫌な経験にしかなりません。子どもは失敗を繰り返しながら成長していくことを再認識しましょう。

幸せ母さんの場合

失敗を寛容に受け入れてもらえる子どもは失敗を恐れなくなり、挑戦する勇気がもてるようになります。また、決断を任されることで、結果に責任をもつようになり、親子関係も良好になります。

よく「怪我をするから……」「風邪をひくから……」と必要以上に言い過ぎる人がいます。

風邪ひくから上着着なさい
寒くないもん
危ないでしょ!
その対応は
風邪をひいたらかわいそう
ケガをしたら辛い思いをさせてしまう
といった思いやりからだけでしょうか…
38℃
病院行かなきゃ
まさか骨折?
イタタタ…
大変
忙しいのに〜

失敗を恐れるのは、時間やストレスがかかることを回避したいという気持ちがあるからではないでしょうか。それでは成長のきっかけを摘んでしまうことになります。忙しい生活のなかで、どのようにしたら前向きな対応ができるのでしょうか。

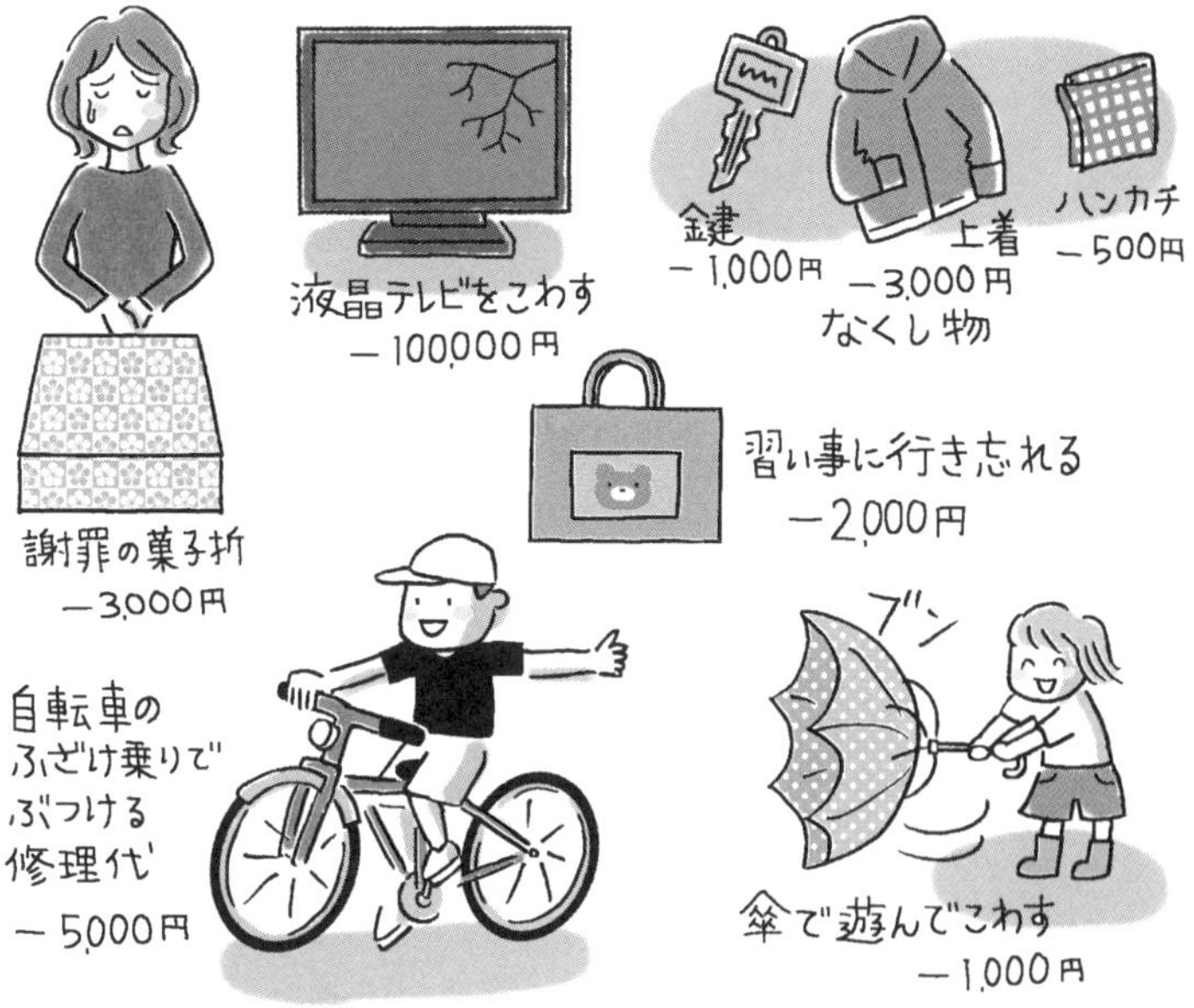
液晶テレビをこわす
－100,000円
鍵
－1,000円
上着
－3,000円
ハンカチ
－500円
なくし物
習い事に行き忘れる
－2,000円
謝罪の菓子折
－3,000円
自転車の
ふざけ乗りで
ぶつける
修理代
－5,000円
ブン
傘で遊んでこわす
－1,000円

子どもは未熟なので失敗を繰り返すなか、金銭的な損失も必ず起こります。家庭教師の経験で、わんぱく男子３人を育てる家庭がありました。よく、壊したり、落としたり、なくしたりして、常に誰かがトラブルを起こしていました。それなのに、お母さんは決して取り乱されることなく寛容な姿勢です。秘訣を聞いてみると、「子どもの失敗損失代」として毎月５０００円を家計費に盛り込んでいるというのです！失敗を先に見積もることで心に余裕ができます。そのような心構えがあってこそ「失敗はチャンス」だと捉えて子ども本位の対応ができるのでしょう。

子どもの「褒め方」はどのように？

フキゲン母さんの場合

子どもは親の「言ったこと」ではなく、「思ったこと」に無意識に反応します。どのような褒め言葉であっても、気持ちが伴わなければおだてていることになり、特に敏感な子どもにとっては逆効果になります。

ただ褒めるのではなく、しっかり見て褒める習慣をつけましょう。また、他の人の前で褒めたり、父親から「お母さんから聞いたぞ〜」と、人を介して褒められたりすれば、褒めた気持ちが本音であることが伝わります。褒め方ひとつで、子どもを不快にさせたり、子どもを励ましたりと、効果は大きな差になります。

幸せ母さんの場合

Column

家族の笑顔が増える！

「見える化ボード」の勧め

　できたことや頑張ったことを、見える化することで褒めるきっかけが増え、さらなる子どものやる気につながります。学習面だけでなく、お手伝いしたことや感謝の言葉など、素敵な言葉を記して貼ってあげてください。

プラスの声がけのきっかけが増え、マイナス感情になったときも、目にすると気持ちがほっこり和らぎます！

5章

「幸せ母さん」になるための4つの秘訣

幸せ母さんになるために必要なものとは？

子どもを伸ばすために、いかに親の姿勢が大事であるかをお伝えしてきました。
しかし、理想はわかっても、実行に移すのはそう簡単ではありませんね。では、どうすれば幸せ母さんになれるのでしょうか――。

私が過去に出会った**幸せ母さんたちの共通点は、「心に余裕がある」**ことでした。
そのことに気づいてから私自身、まず「心の余裕」をもつように心がけてきました。

心の余裕は目に見えません。そこで、わかりやすいようにイチゴにたとえて、幸せ母さん・フキゲン母さんそれぞれの〝イチゴの流れ〟をご説明しましょう。

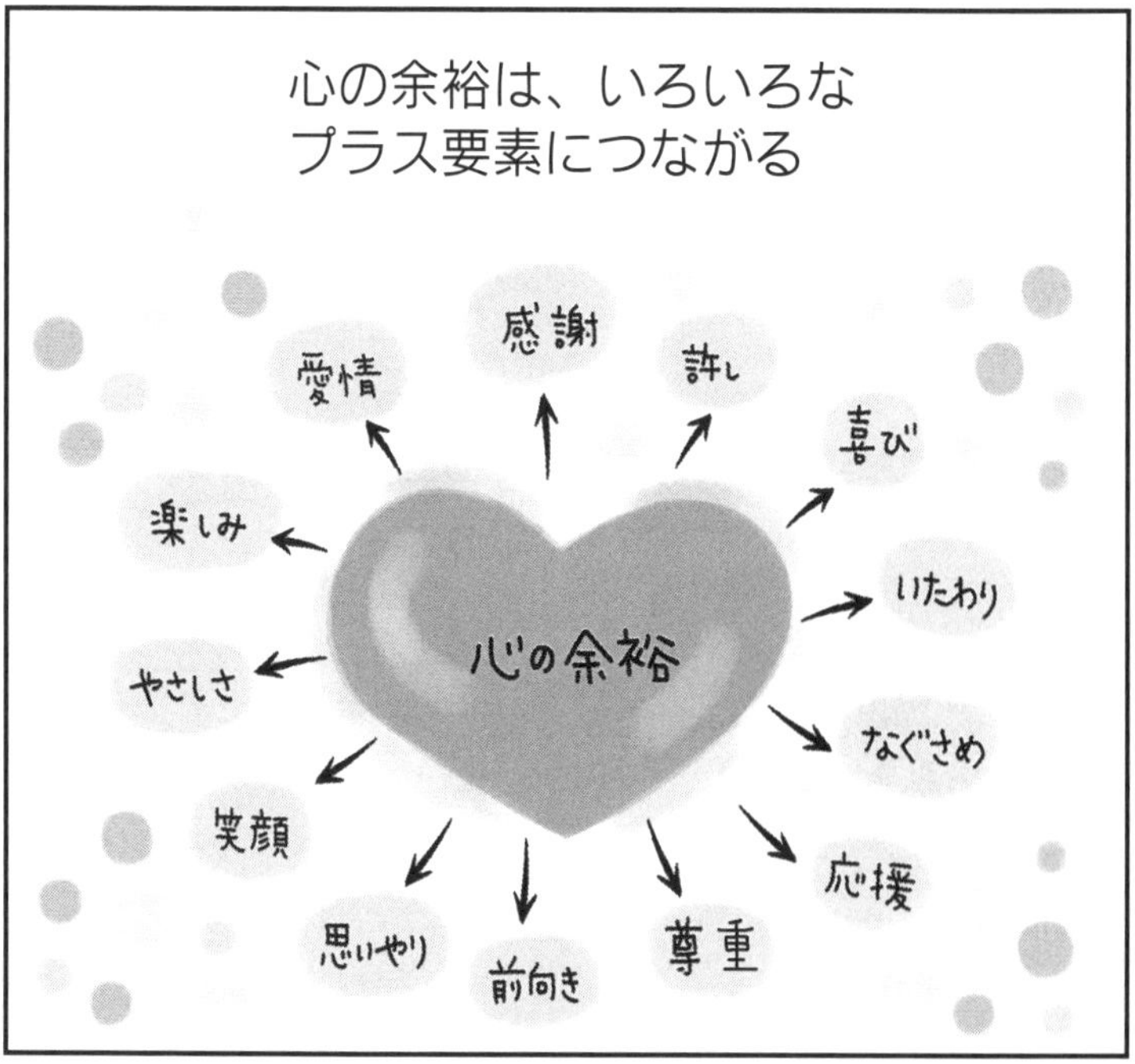
心の余裕は、いろいろな
プラス要素につながる
心の余裕
感謝
愛情
許し
喜び
楽しみ
いたわり
やさしさ
なぐさめ
笑顔
応援
思いやり
前向き
尊重

余裕をイチゴにたとえると、もっている量はさまざま
Aさん
Bさん
Cさん
Dさん
3こ
イチゴが欲しい…
山盛り
0こ
マイナス

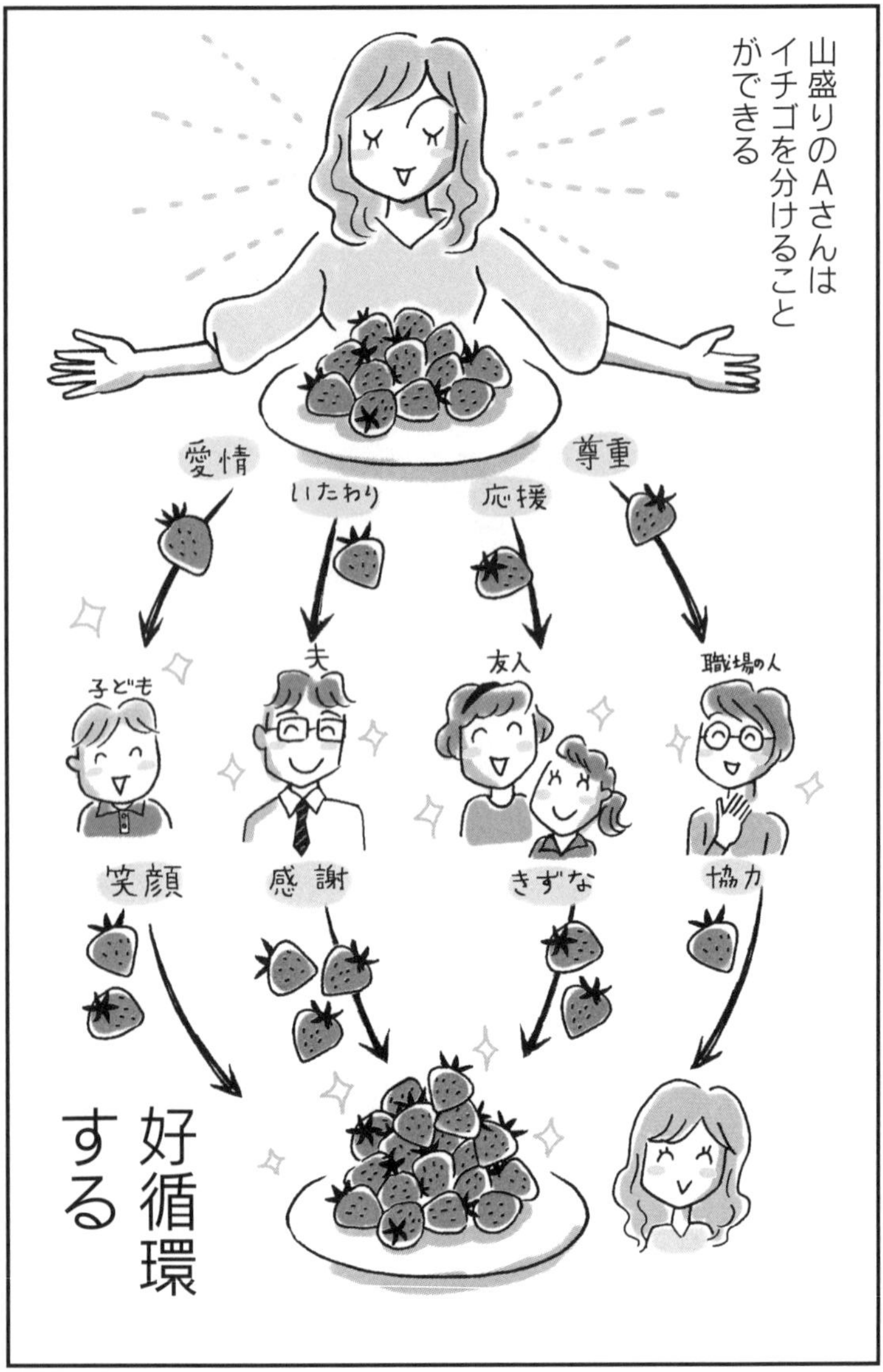
山盛りのAさんは
イチゴを分けることができる
愛情
いたわり
応援
尊重
子ども
夫
友人
職場の人
笑顔
感謝
きずな
協力
好循環する

Aさんの子、aくんもたくさんのイチゴをもっている
応援
ねぎらい
許し
尊重
励まし
そして、友人にイチゴを分けることができる
一緒に遊ぼう！
頑張って！
大丈夫？手伝おうか？
楽しみ
応援
思いやり
いたわり
時に、強引にイチゴが奪われることがあっても…
どけよ！俺が先だ
ドンッ

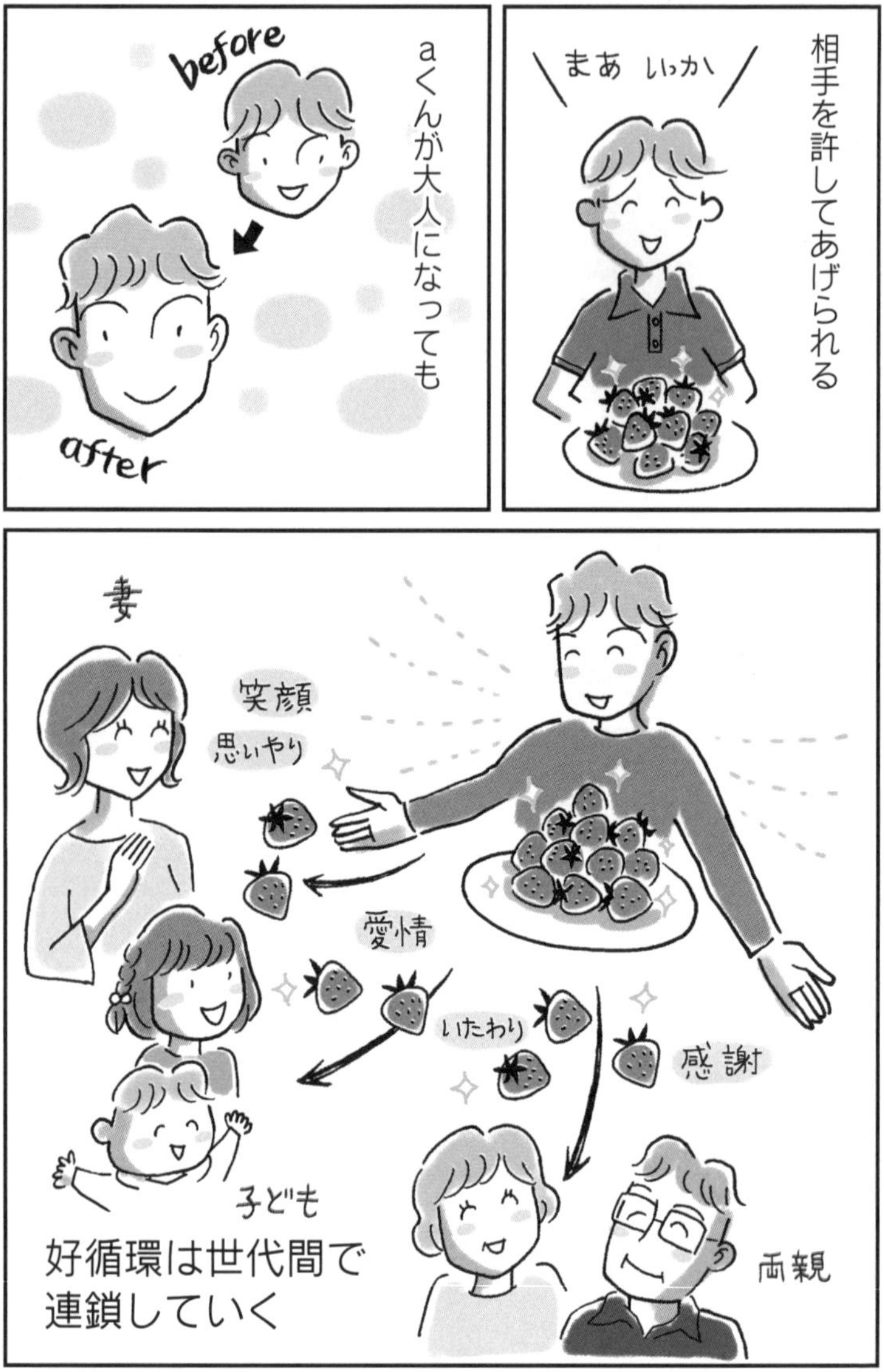
相手を許してあげられる
まあ いっか
aくんが大人になっても
before
after
妻
笑顔
思いやり
愛情
いたわり
感謝
子ども
両親
好循環は世代間で
連鎖していく

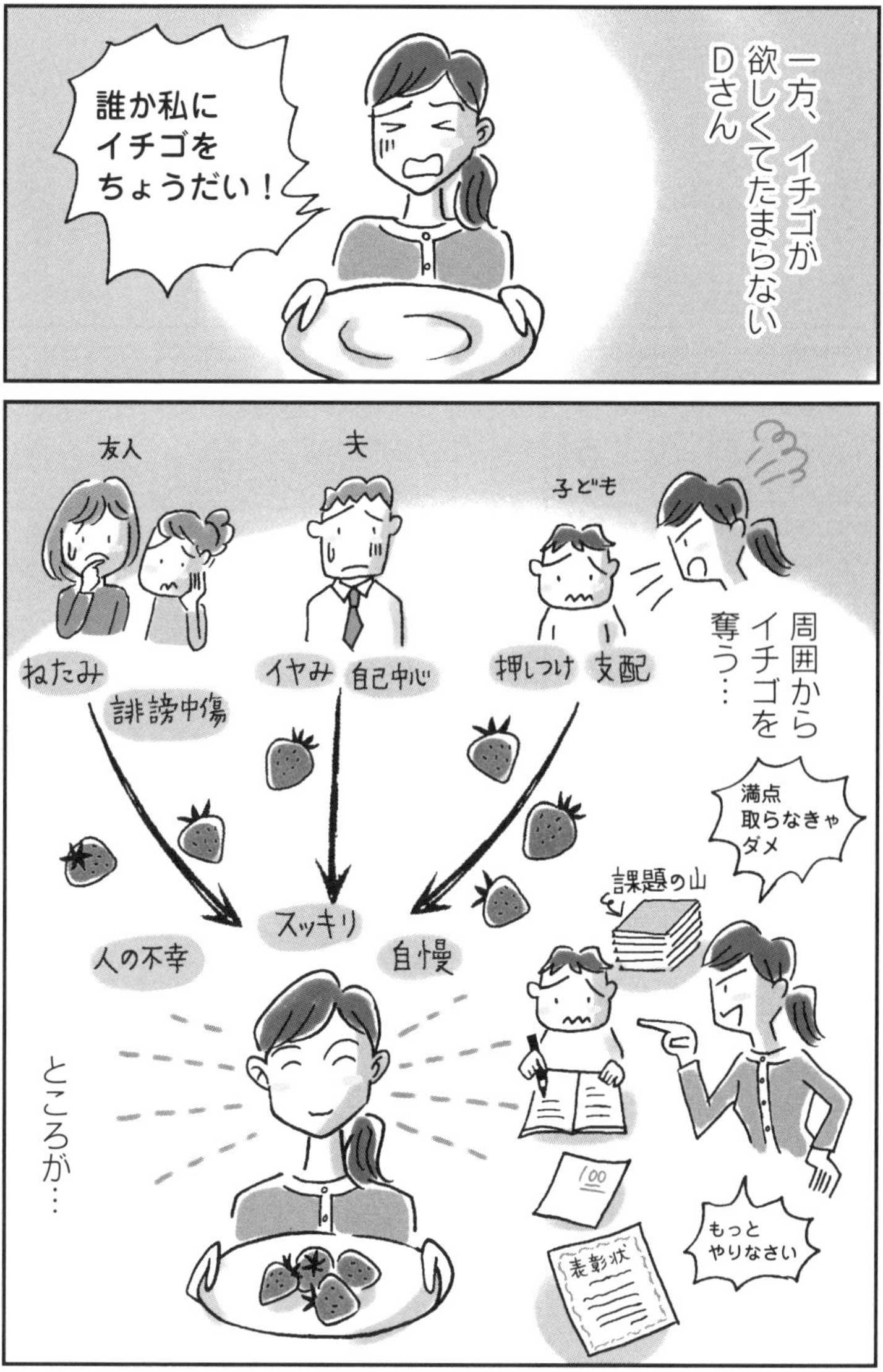
一方、イチゴが欲しくてたまらないDさん
誰か私にイチゴをちょうだい！
周囲からイチゴを奪う…
友人
夫
子ども
ねたみ
誹謗中傷
イヤみ
自己中心
押しつけ
支配
満点取らなきゃダメ
課題の山
スッキリ
人の不幸
自慢
ところが…
100
もっとやりなさい
表彰状

日々、イチゴを奪われ続けるDさんの子どもdくんは…
上の級を目指しなさい！
主役をやりなさい！
クラス委員になりなさい！
お腹痛い
学校行けない
元気をなくす
もしくは、学校など外でイチゴを稼ぐ子になる
自分勝手
暴力
いじわる
悪口
人から奪ったイチゴでスッキリ！
2個手に入れたぞ
ムフフッ
しかし、家に帰るとまたイチゴを親に奪われることに…
そして…
えっそんなことが!!
申し訳ありません!!
体調良くならないかしら…
大量のイチゴが消失し…
悪循環は世代間で連鎖していく…

両者のイチゴの流れのちがいについて理解できたでしょうか？ イチゴの流れによって子どもへの影響はまったくちがうものになります。あなたの周囲にも、いつも明るく人に親切で、子育ても楽しそうにしている幸せ母さんと、そうでないフキゲン母さんがいると思います。それをイチゴの流れにたとえて見れば、両者とその子どもの行動が理解できるのではないでしょうか。

イチゴの流れこそが人生の豊かさを決めるのです。

今は、子育てに悩む人がたくさんいます。子育てのコツを知り、心に余裕をもてれば、幸せ母さんのイチゴの流れにできるはずです。さあ、あなたとお子さんが、あり余るほどのイチゴを手に入れられますよう、そのやり方をご紹介していきましょう。

その方法とは、良い感情を保つために「**イライラの原因を知る**」「**物事の捉え方を変える**」「**ありがたみを感じる**」「**自分を大切にする**」の4ステップです。読み終わる頃には、きっとあなたも幸せ母さんに近づいていることでしょう。

〈良い感情を保つためのコツ〉その① イライラの原因を知る

たいていの人に共通するイライラの原因は何だと思いますか？　原因がわからないと解消できないので、ここで整理しましょう。

一般的にイライラする原因として、

1　忙しい
2　疲れている、体調が悪い
3　嫌なことがあった

があげられます。

どれも単純なことですが、自分を振り返る余裕すらないと解消するどころか、周囲に当たり散らしてしまうことに……。原因に気づき、可能な範囲で予定を調整し、ストレスとなる状況を上手にかわしていきましょう。

1　「忙しい」を調整する

子育て中は日々、時間との闘いです。予定の入れ過ぎに留意し、家事や仕事においては手を抜けそうなものがあれば、どんどん試しましょう。ハンカチはタオルハンカチに、ワイシャツは形態安定のものにしてアイロンの手間を省くのも一例です。

また、生活を見直してみましょう。今通わせている習い事や塾は本当に必要ですか？　子どもは楽しくやっていますか？　どんなに素敵な習い事もストレスのもとになるなら、お休みしてもいいのではないでしょうか。

2　「疲れや体調」を管理する

疲れたら解消に努め、体調万全を心がけましょう。私は体調管理のために、睡眠と食生活に気をつけています。自分に合った体調管理法を見つけてくださいね。

3 「嫌なこと」は避ける

嫌な気持ちになる人とは距離を置くようにしたり、苦手なことは得意な人に頼むようにしたりして、ストレスを感じることに極力関わらないようにするか、関わらざるを得ない場合は、気分転換をして家庭にもち込まないよう心がけましょう。親の気持ちは子どもに影響するので、決して自分勝手でもわがままでもありません。

〈良い感情を保つためのコツ〉その② 「物事の捉え方」を変える

感情を平静に保つのは、心がけだけでは難しいものです。私は感情を保ち、ストレスフリーな子育てを目指して、多くの書籍を読み漁り、育児セミナーにも通いました。

そして、いろいろ試すなかでいきついたのが、「物事の捉え方を変えること」でした。目の前で起こっている現実の「捉え方」を変えてみると、ストレスが減り、やがて、感情をコントロールできるようになったのです。

それは、天気予報の捉え方を見てもわかります。当たるものだと思っている人は、外れたときに「雨は降らないって言っていたのに」と不服に思います。けれども、参考程度に捉えている人は、それほど気分を害しません。捉え方次第で気持ちの負担は軽くなるのです。子育てもそれと同じで、「**子どもの行動をどのように捉えるのか**」によって、同じ状況でも心の負担やストレスはまったくちがってきます。

次にあげる13項目を読み、受け入れられるものには○、受け入れにくいものには△、合わないと思うものには×をつけてみましょう。

1 トラブルを事前に見積もる

たとえば、財布を落としたり、スマホを水没させてしまったり、電化製品が壊れたり、怪我や火傷をしたり、病気になったりなど、一生を過ごすなかで、避けては通れない不運な出来事は山ほど起こります。

けれども、それを意識している人は、そういないでしょう。「**生きていれば不運な**

出来事はあって当然」と日頃から自分に言い聞かせ、**あえて見積もっておきましょう。**

すると、いざとなったときの落ち込み度やパニック度は、かなり軽減されます。

2 泣こうが騒ごうが、変わらないものは受け入れる

結果の変わらない事実に、感情まで乱されたら二重被害になると心得ましょう。

たとえば、子どもが骨折したとします。子どもの苦痛や生活の不便さ、通院の手間を思うとつい気持ちが揺れるでしょう。

けれども「泣こうがわめこうが結果は変わらない」と自身に言い聞かせると気持ちが落ち着き、子育てにケガはつきものだから仕方ないと思えるようになるのです。マイナスを受け入れると、「治るケガで良かった」といったプラスの感情も出てきます。

こうして現実を上手に受け入れられるようになると、「ケガとメンタル双方のマイナス」にならず、「ケガのマイナス」のみで済み、ストレスはぐっと減ります。

3 子どもは、「未熟者である」と心得る

汚す・散らかす・言うことを聞かない・好き勝手言う・忘れる・こぼす・やりっ放し・脱ぎっ放し・騒ぐ・はしゃぐ・いたずらをする・迷惑をかける・思うようにいかない、など、子どもは不快になることをいろいろします。つい、イライラしてしまうこともあるでしょう。

子育てのよくある場面

だからといって、悪い子というわけではありません。それが**本来の子どもの姿**であり、いつまでも続くわけではありません。抑制し過ぎると自分らしさを出すことができなくなり、辛く窮屈な思いをさせてしまうことになります。**子どもは未熟な年頃なので仕方ない**と捉えましょう。

子どもは決して聖人君子ではないのです。極度にイライラしてしまう方は、もしかしたらわが子を聖人君子であると思い込んでいませんか？

わが家では夫がその傾向にあります。イライラして、沸騰→爆発しそうになるときは、私の秘策（！）を使います。子どもたちに聞こえぬ声で「**聖人君子ではないから仕方ないよ。残念な生き物なんだから**」とささやくことで、クールダウンできるようです。

実際には、「子ども＝残念な生き物」ではなく、子どもという「未熟なお年頃」に対して「親にとって忍耐の必要な時期」ということなのですが、ハッと気がついて、気持ちが落ち着き、子どもが愛らしく思えます。

特にわんぱく盛りのお子さんに手を焼いている人は、「聖人君子」ではなく「**残念な生き物**」だと捉えてみてください。クールダウンに絶好ですよ！

4 子どもの失態は当然と心得る

子どもの「できないこと・やらないこと・約束を守らないこと」に対して、イライラしていませんか？

たとえば、宿題や片付けをやらずイライラしたときは、「大人ですら三日坊主になったり、計画通りにやれなかったり、誘惑に負けてしまったりする」と考えてみましょう。**大人でもできないのだから、子どもができなくて当然だ**と思い直すことで、落ち着いた対応ができるようになります。

5 愛情とは可愛がることと「許すこと」と心得る

私はこれまで「愛情＝可愛がること」だと思っていました。あるとき何かのきっかけで「許すこと」でもあることを知りました。

それからは気持ちが一変し、子どもに対して寛容になりました。許せないと、未熟な子どもを追い詰めたり傷つけたりしかねません。どうぞ「**許す**」という気持ちをもってみてください。

過去に指導した多くの生徒さんたちを見ても、厳しくしつけられた子よりも、適度に許され、安らかな気持ちでいる子のほうが満たされ、素直な子に育っていました。子どもをしつけるとき、北風でいようか太陽でいようか親は迷うと思います。許してばかりいては、怠惰なわがままな子になってしまうのではないかと。

けれども、**北風でうまくいった親子には出会ったことがありません**。親の前では、一見聞き分けよく過ごしているだけで、心のなかはストレスや怒りでいっぱい。親の顔色をうかがい、我慢しているだけなのです。

たくさん許してもらえた子は、トゲトゲした気持ちがなく、人に対しても寛容な優しい子になります。ただ、許すのと放任とはちがいますのでご注意を。

6　「忙しい日々こそ豊かさの証」と捉える

日々の親業は終わりがありません。子育てや仕事の他に、洗濯・洗い物・掃除・買い物・片付け・食事の準備・お弁当作り・アイロンがけ・書類の整理・ごみ捨てなど……。常にやることがいっぱいです。

子育て中の親はまさに毎日が精一杯、一触即発の状態だと思います。そのようなときに「あれもしなきゃ、これもしなきゃ」といっぺんに考えるのは、気持ちをへこますだけで得るものは何もありません。自分を追い込む必要はありません。余計なことは考えず、ひとつひとつ集中してこなしていけば、いつの間にか終わりが見えてきます。

また、「大変なのは子どものせいではない」と自分に言い聞かせることで、子どもに向ける気持ちは和らぎます。

さらに、猛烈に忙しい日が続いて息詰まりそうなとき、私はこのように自問自答をします。

もし、子どもをもたず、仕事もしていなければ、あり余る程の時間をもてます。そのような生活を望みますか？

いいえ、忙しいからこそ、いろいろなことができているはずです。「そうだ、**忙しさは豊かさの裏返し**なんだ」と。そう思い改めてクールダウンに努めています。

7　家庭内で「どれだけ癒やせるか」が勝負と心得る

どんな親もわが子に対して、前向きに頑張ってほしいと思っているものです。では、子どもが外や学校で頑張るための原動力を、どのように与えたらいいのでしょうか？

その答えは、「**家庭内でどれほど癒やせるか**」に尽きます。

毎日のように小料理屋に寄るサラリーマンを想像してみてください。彼らは、疲れた会社帰りに、美味しい料理やねぎらいの言葉をかけてもらうことで、その日の疲れを癒やしているのです。

「いらっしゃーい！（笑顔）今日は遅かったわね。お仕事大変だった？　今日はこんな料理作ったのよ。どう？」

「部下が失敗しちゃって……」

「あらあら。あなたも大変ね。（話を聞く）お酒もあるわ。ゆっくりしていってね」

美味しい料理と温かい言葉に癒やされることで、また明日から頑張ろうという気持ちになれるのだと思います。

それと同じことが子どもにもいえます。子どもはひとりで小料理屋には行けません。そこは親の出番です。家庭内で子どもを癒やすことが、明日の子どもの元気の源になります。

ところが、そのように対応すると子どもがわがままになるのではないか、と心配する人がいます。

周囲からねぎらわれ、大切にしてもらい、心が満たされた人が、わがままを言って周囲を困らせると思いますか？　不良といわれる子を、親が欲しい物を何でも買い与え、わがままを聞き、甘やかすからそうなったと思う人がいます。

そのように思って当然かもしれませんが、逆なのです。

心が満たされないから、ひねくれて不良になり、暴れたり要求を突きつけたりします。そうなると親は怖くなり、子どもの要求を受け入れざるを得なくなります。周囲の人はその点だけしか見ていないので、甘やかした結果だと思い込みますが、甘やかさざるを得なくなっただけなのです。

子どもが欲しがる物を買おうが買わずにいようが、心が満たされていれば不良にはなりません。どうぞ迷わず恐れず、お子さんをたくさん可愛がってください。

ただ、「甘えさせる」と「甘やかす」はちがうので、そこだけご注意くださいね。

甘やかす
生活のリズムが
崩れる
心が満たされない
子をダメにする
本当はさびしい
気を紛らわしているだけ
POTATO
CHOCOLATE
親子の関わりではなく
ゲームやお菓子で満足を図る
甘えさせる
キズが回復
次へ向かえる
子の心を満たす
痛かったね
うんうん
どうしたの?
今日学校
でねー
心のこもった対応で子をねぎらったり
話を聞いたりする

8 予期せぬアクシデントを「些細なこと」と受け流す

「大げさなこと」と比較すると、今起きた出来事が「小さなこと」に思えて、ストレスを減らすことができます。

私は、運転中に交通違反で捕まったときは「事故よりましだ」と捉え、ストレスを減らしていました。罰金を払えばおしまいです。

けれども、事故だったら一生を左右しかねません。そのように捉えると、「違反で済んで良かった！　今後は気をつけよう！」と前向きな気持ちになります。

子どもの例でいえば、ケガをしたときは「一生に関わる大ケガでなくて良かった！」と思うことで、起きたことは「所詮小さなこと」に変わります。

9 無駄な思考に囚われない

「あの人はなぜ○○と言ったんだろう?」「あのとき○○しておけば……」わからないことや終わったことをあれこれ考え過ぎて、モヤモヤした気持ちを引きずってしまうことはありませんか?

いくら考えたところで、過去は変わりませんし、わからないものはわかりません。あれこれ詮索し、囚われているだけ時間の無駄なのです。そうした行為で得られるものはなく、消耗するだけだということに気がつきましょう。そして、「**考えてもわからないことは考えない**」という強い意志で、負の感情を払拭しましょう。

ただ、負の感情を打ち消すのはそう簡単なことではありません。「良いことや楽しいことを考えましょう」とよくいわれますが、気持ちが落ち込んでいるときは、良いとも楽しいとも感じられないものです。

そんなとき、写真やいただいたメッセージを見て、気持ちの転換を図るのはどうでしょう? 思い出は過去の出来事なので、プラスの感情は変わりようがありません。それでもクサクサしてしまうときは、嵐が吹き去るのを待ちましょう。気分は天気と同じ。いずれ快晴がやってきますよ！

10　思考を都合よく転換する

たとえば、子どもの個性でイライラしたら、実年齢ではなく、年下だと捉えます。子どもによってはペースがゆっくりだったり、理解が遅かったりして、幾度となくヤキモキさせられる場合があります。そのようなときは、「この子は3年生だけど、テンポが遅い面では年長さんなんだ」そのように捉えることで、寛容になれます。

子どもはひとりひとり長所・短所がちがうのです。短所を補う取り組みをしつつ、成長を待つことも子育てには必要なのです。

また、私は車の運転が大好きなのですが、急な割り込みにドキッとさせられることがあります。そのようなときにブツブツ文句を言ったら子どもたちの気持ちまで毒されてしまいます。そこで、「きっとお腹こわして急いでるんだわ〜。大変大変！」と勝手に想像して気持ちの転換を図ります。すると「グッドラック〜」と声をかけたくなるような、滑稽で軽やかな気持ちで見送ることができます。

11 怒る前に「ひと思考」する

やりっ放し、脱ぎっ放し、出しっ放し……。何度注意しても繰り返すとき、「何度言ったらわかるの！」という気持ちになり、聞いていないのでは、反省してないのでは、と頭にきますよね！　毎日のことでうんざりする方も多いのではないでしょうか。

けれども、怒る前に「ひと思考」する癖をつけましょう。「**言って聞くようなら、子育てに困る人も、部下に苦労する人もいない**」と。自分だって相手に言われたことすべてを改善できるわけではありません。子どもは日々、守らなければならないこと、してはいけないこと、しなければならないことのオンパレードで、親が言うほど簡単に要求をのみ込めないのです。繰り返し怒られるなかで、**子どももうんざりしている**のです。

また、人それぞれペースがあります。しつけと称して、親のペースで思い通りにさせようとしていると、執拗に叱り続けてしまいます。それは、単に子どもを支配しているだけなのです。

たとえば、蕎麦をゆでたとき、「のびちゃうよ〜」と声をかけても、子どもはテレビに夢中です。どう対応しますか？　子どもは蕎麦がのびても、テレビを見ていたいのかもしれません。テレビを見てのびた蕎麦を食べるか、テレビを我慢してのびていない蕎麦を食べるのか、どちらがいいかは子どもが決めればいいのではないでしょうか。

たとえ蕎麦がのびてしまっても、テレビを見られたほうが気分が良ければ、それでいいじゃないですか。誰にも迷惑はかかりませんし、家庭だからこそ許されることだと思います。そうやって普段から気持ちを尊重されていれば、「今日は用事があるから、すぐ食べてね」と、いざ親が指示したときは素直に受け入れられるようになるのです。

何度声をかけても子どもが上着をハンガーにかけないときは、言い方に気をつけて促すか親がやってしまえばいいのです。「次はやってね！」と明るく声をかけ続ければ、いずれ自分でやるようになるでしょう。強引にやらせてお互いがストレスになるよりも、**「やろうとする気持ち」を育むこと**がポイントです。いつか、やってもらって申し訳ないな、今度はやらなきゃ、という気持ちに変わることを目指して、温かく接してください。

お恥ずかしながら、長男、次男はようやく最近になって制服をハンガーにかけるようになりました。それまでは、かける日があったり、かけていない日があったりと、長い道のりでした。親子関係の面においては、これで良かったと思います。数年かかりましたが、子どもの成長には、時間や親の忍耐も必要なのです。

12 今の生活の良さを認識する

子どもたちが幼い頃、毎日忙しくて大変なことを、ある先輩お母さんにこぼしたことがありました。すると、「子育ては大変よね。私も一時は忙しかったわ。でも、夫は亡くなり、子どもたちは巣立って今はひとりの生活……。あのときは大変だったけど、今思うと、あの頃がいちばん幸せだったわ」と言いました。その言葉のお陰で、大変な日々を肯定的に捉えることができるようになりました。忙しさのせいで見失っている「今の輝き」があると思います。ぜひ、それを再認識してみてください。

13 「いろいろな人がいること」を理解する

周囲の人の心ない言葉や行動に傷つき、引きずることはありませんか？

私の場合、一瞬は嫌な気持ちになりますが、すぐに消えます。昔は腹が立ったり、悶々としたりしていたのですが、捉え方を変えたことで激変しました。その捉え方はいたって単純です。「**世の中にはいろいろな人がいる**」ということを認識しただけです。意識しないとつい自分と同じように捉えてしまうので、「何であんなこと言うんだろう」「どうしてそんなことするんだろう」と相手の言動に傷ついていました。

世の中には驚くほど、いろいろな人がいます。この本でいえば、幸せ母さんに育てられるかフキゲン母さんに育てられるかでは、子どもの気持ちのあり方がずいぶんとちがうはずです。また、人によって境遇や視点、考え方もちがいます。自分が悪いから言われることもありますが、妬みであったり、不満の解消だったりして嫌なことを言われることもあるのです。

それを真に受ける必要はないのです。なるほど、と思えることや、自分の仲間や信頼している人からの忠告やお叱りであれば、ありがたく素直に受け入れます。

しかし、そうでなければ、毒されて落ち込む必要はないのです。それができるようになれば、自身の心が漁船から英国艦隊の船になり、相手の攻撃が豆鉄砲に変わります。

また、いろいろな人がいることを理解することで傷つかないだけでなく、相手からの失礼な行為に対しても、「自分が気にするほど相手は気に留めていないだけなんだ」と寛容になれます。「普通○○だよね……」と狭い自身の観点で物事を見るから腹立たしくなるのです。

いかがでしたか？　○はいくつでしたか？　ひとつでもあれば、ストレスは確実に減りますよ。読むだけでは変わりません。まずは○のついたものから、繰り返し思い返して自分のものにしてくださいね。

〈良い感情を保つためのコツ〉その③「ありがたみ」を感じる

子育てをしている人はみな境遇がちがいます。実家が近くて援助を受けられるとか、夫の職場が近くて定時で戻ってきてくれるとか、好きな仕事をしているとか、子育て以外の時間がもてるとか、恵まれている人、そうでない人などいろいろだと思います。

そのようななかで、一見不遇と思える人でもキラキラ輝いて、いつも笑顔でいる人がいます。そのような人は、一体どんな心持ちで過ごしているのでしょうか。

そこで意識したいのが、「**ありがたみを感じること**」です。生まれたときからあるものは当たり前過ぎて、普段意識することがないと思います。しかし、それを振り返り、意識をし、感じることで、どのような境遇の人でも気持ちを満たすことができるのです。

あなたは次にあげる現状を、日頃どのくらい意識していますか？

私たちの生活を守るために働く人々がいること

・医療従事者 ・警察官 ・消防隊員
・海上保安官 ・陸上自衛官 など

人間本位の生活を守るための犠牲があること

・駆除される動物 ・食用となっている動物
・保健所に送られる犬や猫 など

生き延びることさえままならない環境があること

・戦争 ・弾圧 ・貧困飢餓
・難民生活 ・恐怖政治 など

まだまだ、たくさんあるでしょう。地球上では生

まれた時代や場所によって、一生が左右されます。日本に生まれたこと、今の時代に生まれたことで、**多くの恩恵を受けていること**に気がついていますか？　上を見たらきりがありませんが、飢えることもなく、きれいな水が飲め、安全な生活ができるだけでも、この上なく恵まれているのです。

私たちの「当たり前の一日」を支えるために、どれだけの犠牲があり、人の手がかかっているかを改めて意識することで、自分がどれほど恵まれた環境に置かれているか、それが当然ではないことを感じられるのではないでしょうか。日常にありがたみを感じれば感じるほど、恵みを受けていることに気がつき、心が満たされます。「感謝しましょう」とはよくいわれる言葉ですが、相手のためだけではなく、**感謝することでいちばんの恩恵を受けるのは自分自身**なのです。

ありがたみを感じる基準は人それぞれです。私が過去に出会ったお母さんたちは、ひとりひとり驚くほど基準がちがいました。毎年海外旅行に行けなければ、子どもが優秀でなければ、夫が出世しなければ満足しない人もいれば、一日何事もなく、平和に過ごせたことにありがたみを感じ、満足している人もいました。

限られた時間のなかを生きるのであれば、小さな恩恵にどんどん敏感になって満たされ、気分良く過ごしたほうがいいのです。

幸せ母さんの感じ方の一例です。「感謝しましょう」の言葉だけでは子どもに伝わりません。ぜひ、お子さんと話をしてありがたみを共有してみてください。

住む家があり
お風呂に入って快適に過ごせる
3食困らず美味しいものが
食べられる…
ありがたい
たくさんの人の手がかかって
生活が成り立っている
管理人さん
清掃の方
いつも
感謝しています
宅配便の方
先生
家族に恵まれている
健康に過ごせて
ありがたい

私は子どもが「疲れた〜」と口にしたときは、「そっか、それはいいことだよ。寝るのが気持ちいいよ。ぐっすり眠れるよ」と声をかけています。お腹がすくことや暑い・寒いなどの不快は、ご飯を美味しく食べられたり、シャワーを浴びてスッキリできたり、お風呂のお湯に温まるのが気持ち良かったりという快感の裏返しです。だから、「**不快は悪いことではなく、むしろ快感のもとだよ**」と伝えています。

また、眠る前に「家があって、こうやって毎日温かい布団で眠れるってすごいよね。雨が降っても濡れないし、寝入っても大丈夫。猛獣に襲われることもないから、安心して朝までぐっすりと寝られるね！」と勝手に感心して声をかけています。

恵みやありがたみについては、生徒さんともよく話します。**埋まっていたありがたみを掘り起こすこと**で、みな驚くほど素直に、そして元気になります。感謝の効力はものすごいのです！

〈良い感情を保つためのコツ〉その④　自分を大切にする

子どもを幸せにするためにはまず、親自身が幸せになる必要があります。自分を幸せにできない人が周囲の人を幸せにすることはできないのです。

子どもを幸せにしたい、と切に思いながらも、自分の気持ちには無頓着な人がいます。なかには自分を犠牲にして子どものために行動する人もいますが、それは間違ったやり方です。子どもを幸せにしたいからこそ、まずは**親である自分が幸せになる必要があるのです**。自分を満たすことで、周囲を満たせる存在になれるのです。

今から自身を満たすための「自身の扱い方」についてご紹介しましょう。

1　毎日を心豊かに過ごす

辛い、悲しい、〇〇すべき、といった悪いことや大変なことを考えるのではなく、楽しいことや嬉しいこと、してみたいことを考えるようにします。常にうきうきハッピーな気分でいられるよう努めましょう。

2　小さな幸せをたくさん見つける

幸せ母さんは、小さな幸せを探したり見つけたりするのがとても上手です。子どもとトランプをして楽しんだ、散歩していて可愛い花を見つけた、夕焼けがきれいだった、シャワーを浴びてスッキリした、大掃除してきれいになった、新しい公園を見つけて楽しんだなど、小さな幸せをたくさん見つけて気分良く過ごしているのです。一緒にいる子どもへの影響ははかり知れませんね！

3　理由を変える

「安いから買う、誘われたから行く、時間だから食べる」で行動していませんか？それを「気に入ったから買う、会いたいから行く、食べたいから食べる」に変えましょう。

理由を変えるだけで、気持ちが軽やかになりますよ。また、理由を変えるときに「したい」と思えないことに気がついたら、可能な範囲で避けましょう。

4　プチ素敵時間をもつ

お風呂に入る時間に思いっきりリラックスします。入浴剤や気に入った香りの石けんを使い、「やれやれ〜、（自分の体と心に）お疲れさま、ありがとう」とねぎらってみましょう。1分でできることですが、1分は意外に長いですよ。忙しいお母さんでも自分に戻れるはず。

そして、眠りにつく前の10分間素敵な本を読んだり、今度あれをやってみよう、今日は楽しかったなど、いい気持ちになることを考えたりして、幸せな気持ちで眠りにつきましょう。

5 自分の願いを叶える

子どもや家族を優先して、いつも自分を後回しにしていませんか？　欲しい物や、したいことなどを我慢してピリピリしているよりは可能な限り叶えましょう。

自分のために出かけることに罪悪感をもったり、子どもがいるから出かけられないと勝手に思い込んだりしていませんか？　してみたいことを伝えて留守番を頼み、リラックスして戻ったほうが家庭の雰囲気は明るくなり、子どもは嬉しいのです。お土産つきだと、なおさら快諾してくれるのではないでしょうか。

6 自分の気持ちを大切にする

イライラすることが多いのは頑張り過ぎているからではないでしょうか？

毎日の家事には終わりがありません。疲れているときや、気分が乗らないときに無理にやるのはやめましょう。多少散らかっていても、食器が洗えていなくても、お母さんがニコニコしているほうが子どもは嬉しいのです。

体調や気分の波は、誰しもあることなので、決してダメな人でも怠け者でもありません。自分の気持ちを大切にできるようになると、人の気持ちや行動も尊重できるようになります。家事をしたくないときに無理にやって、周囲に負のオーラをまき散らすようなら、エネルギーがたまったときに、一気にやってしまうほうがいいのです。

そうすると、気持ちも軽やかでテキパキはかどり、きれいになったときには達成感やスッキリ感で満たされます。

私の場合、疲れた夜は食器を洗わず、とっとと寝てしまいます。そして元気な朝にやります。気になる方は家族に協力してもらうのもいいでしょう。

最近、「頑張らなくていい、適当でいい」といった言葉を目にします。そう言われたからといって、言葉通りに生活を変えるわけにもいかないと思います。**「頑張ったほうがいい」けれども、「イライラするくらいなら頑張らなくていい」がベスト**でしょう。頑張るなかで、自分の気持ちを大切にして、ニコニコ過ごしたほうがうまくいくのです。

7　こだわりを捨てる

こだわりによって自分を縛っていることはありませんか？

床はいつもピカピカにしておきたいとか、片付いていないと気が済まないとか――。

どれも素敵なことですが、守ろうとすると体に鞭を打つことになりかねません。また、知らず知らずのうちに、一緒にいる家族にも窮屈な思いをさせているかもしれません。

満足した本人の傍らで辛い思いをしている家族がいたら悲しいことですね。


こだわりを捨てればラクになります。これだけは譲れないと思うものは大切にしてもいいと思いますが、こだわり過ぎると、大切なものを失うことだけは頭に入れておきましょう。

「自分のこだわり」と「家族の気持ち」のバランスを保って、家族みんなのハッピーを目指しましょう！

以上です。お母さんの気持ちがオーラとなって、家庭内の雰囲気が作られます。ぜひ素敵なオーラで家庭を満たしてください。オーラは目に見えませんが、ものすごく影響があります。

過去に家庭教師として関わった家庭の例をあげましょう。

その家庭では、名門といわれる学校に子どもたちを通わせ、一見立派な生活をしているのですが、お母さんが完璧主義で細かいことにキリキリし、心配性で暗く、いつも悪いほうに想像を巡らせては、ため息をついているような人でした。家庭内の天気はやむことのない雨、時に雷や嵐も。常に負のオーラが立ち込めているのです。

訪ねる前は「よし！」と自分に喝を入れてチャイムを押していました。そして、帰りにはいつも、背中にどっしりと重い「何か」を背負わされているような感じがしました。私は週2回、2時間だけのお付き合いでしたが、毎日悪天候のなかで過ごす子どもたちは大変だなと、つくづく思ったものです。

その一方で、逆の家庭もありました。お母さんはいつも温かく、朗らかで、前向き。それに、さらさらと流れる小川のように澄んだ心のもち主で、指導のあとに、おしゃべりをしていると、いつまでも話していたくなるような人でした。家庭内の空気はぽかぽかと暖かく、まるで、晴れた春の草原のような、澄んだ光のオーラが立ち込めていました。

帰りには素敵なお土産、すなわち、温かく晴れやかな余韻を私に残してくれました。本人は当然気づいていないのでしょうが……。

そして、どちらの家族にしてもそれが当たり前の日常なのです。**あなたは子どもにとってどのようなお母さんですか？**

子どもは親のオーラやエネルギーに影響を受けます。親のエネルギーが高まれば子どものエネルギー

も高まります。幸せ母さんは、意図せず周囲を幸せに巻き込んでいるのです。

子どもが求める幸せとは

子どもが求める幸せとは、大きなことより小さなこと。

大きな家や車など外面的なものではなく、内面的なものなのです。それは多くの子どもたちと向き合うなかで感じました。立派な家に住んでいたり、毎年海外旅行に行っていたり、名門といわれる学校に通っていたりする子どもが幸せなんだと思い込んでいた時期もありましたが、子どもたちの心はそうではありませんでした。

たとえ旅行に行っても、親がイライラしていたら楽しくありません。日帰りであっても家族仲良く、気分転換を図れたら子どもは満足します。有名店でディナーを食べても、両親がけんかをしていたら盛り下がるでしょう。自宅で家族仲良く好みの具を入れながら、ワイワイお好み焼きを作って食べたほうが心は満たされるのです。

「どこへ出かけたか」「何をしたのか」ではなく、「どのような気持ちで過ごせたか」が、子どもの幸せの鍵を握っているのです。

金銭的に余裕のある家庭は、目に見える幸せを与えられるので、無意識に子どもへの「してあげた感」が高まり、それだけで十分に満たしていると思いがちです。

どうぞ、「大きな幸せ、目に見える幸せ」ではなく「小さな幸せ、目に見えない幸せ」に目を向けて、過ごしてくださいね。

良い親とは決して怒らない親のことではない

ここまで、幸せ母さんになる方法についてお伝えしてきました。

私自身もストレスフリーな子育てを目指してきましたが、さて、私はいつもニコニコ笑顔で過ごしていると思いますか?

答えはNOです。一瞬パニックにもなりますし、怒ることもありますよ。

子どもが学校でいたずらをやらかしたと先生から連絡をもらったときは、一瞬頭が真っ白になります。また、出かける時間が迫っているのに、子どもたちが準備せずパジャマ姿で用意されたご飯も食べずにいるとき……。数回は落ち着いて声をかけますが「わかった〜」と返事しつつも20分経過し、30分が経過し……。ついに「遅れるから早くしなさい！」と怒ります。

ただ、パニックになっても、すぐにクールダウンをしてマイナスの感情を払拭でき、一瞬怒って、はいおしまい！　機嫌まで損ねるようなことはありません。怒る回数は少ないぶん、子どもたちは「まずい！」と思うようです。

また、怒ったあとの嫌な後味や後悔はありません。というのも、普段から早め早めに行動している人は、それでも遅れてしまうようなことがあったときの落胆や後悔は、そうでない人よりはずっと少ないはずです。日頃から心がけ、努力しているぶん「仕方ない」と思えるはずです。

子どもを叱るのもそれと同じです。感情を保つ努力をしていれば、後悔しなくて済むのです。

また、よく育児本にある「怒らず冷静に何度も言い聞かせる」という方法がありま す。しかし、深読みができる子にはそれで伝わるかもしれませんが、一般的な子どもには事の重大さが十分に伝わらないことがあります。

過去の生徒さんで、大人が忍耐強く冷静に話すことでは、事の重大さを認識できない子がいました。私が貸した物をなかなか返してくれないのです。何度声をかけても「どっかいっちゃった！　今度までに探しておく」と言いつつ探している気配がなく、何週間も経ってしまいました。大したものではないので返してくれなくてもいいのですが、その子にとって良くありません。お母さんも「ちゃんと探そうね」の繰り返しで、あるときからすっかり忘れてしまいました。

これではいけないと思い、私は感情を込めて「早く返して。借りた物はきちんと返さないと失礼になるのよ。今後はもう貸したくないな」と怒りました。すると慌てて探し回り、「先生あったよ～」と返してくれました。

大人が理性的に真剣に伝えているつもりでも、幼い子どもにとっては「大したことないんだな」という認識になることがあります。怒らないことだけが美徳ではないのです。怒り過ぎても怒らなくてもダメ。時には毅然とした態度で叱ることも、必要なのです。

子育ての目標について

あなたはお子さんをどのように育てたいと思っていますか？ また、どのような大人になってほしいと思いますか？

大学や就職の時期ではなく、40代になった頃の姿を想像してみましょう。

私は親御さんに、そのような質問を投げることが時折ありますが、ほとんどの方が「考えたことがない」と言います。子どもの未来の理想像が親になければ、子育ての軸がぶれたり、情報に振り回されたりして、迷いなくスッキリとした気持ちで子育てすることが難しくなるでしょう。

大人になったらどのような仕事を、どのような気持ちでしているのか。家族はいるのか。家族との関係はどうであるか。毎日どのような表情で過ごしているのか、などなど。

子どもがどのように育ってほしいかをイメージすることはとても大切です。イメージができればおのずと、大切にすることの優先順位や、年代ごとに、どのようなことに留意して生活すればいいのかがわかります。

今私が思い描く40代の子どもの理想像は、楽しくできる仕事や自分の能力に適した仕事に就いていることです。

「職種」ではなく、「**どのような気持ちで仕事をするのか**」が気になります。たとえ人から羨ましがられる収入があっても、難しいといわれる職業に就いていても、本人が満足していなければ喜べません。

どのような仕事であっても、本人が前向きに働ければそれがいちばんだと思います。

そして、兄弟仲良く、楽しく幸せな家庭を築き、気の合う仲間に囲まれて、日々満たされた気持ちで過ごしている姿です。

そのように理想が描けると、親としてどのように育てたらよいかが鮮明になります。

私は、まずはイチゴの流れが好循環になるよう努めようと決めました。

また、本人が興味をもったことをさせながらも、自分はどのような人間で、どのようなことが得意で好きかがわかるように、さまざまな経験をさせようと思いました。

さらに、お友達と遊ぶ時間や、兄弟、家族と過ごす時間を大切にしたいと思いました。まだ子育て途中ではありますが、大きく不安になったり迷ったりすることはありません。

時を戻すことはできませんので、理想や目標をもって一日一日を大切に過ごしていただきたいと思います。

最後に、何より大切なのは、親の「子育てを楽しみたい」、もっと大げさにいえば「**人生を子どもとともに幸せに生きたい**」という気持ちです。

その気持ちこそが、自身を成長させ、良好な親子関係を築く源になるのです。

子育ての成功とは

子育ての成功とは、世間からの評価すなわち、子どもが有名大学や有名企業に就職すること（数値で表されるもの）ではありません。

親自身が子育てを通して、忙しいなかでもひと時の幸せや小さな喜びを大切にし、子どもと笑ったり、時に怒ったり喜んだり楽しんだりして、満たされた時間を共有し、**悔いがない子育てができること**なのではないでしょうか。

良好な親子関係を保ち、子どもが巣立ったあと、子育ての経験が**大変ながらも甘美な思い出**となれば、まさに子育て成功といえるでしょう。

「子育て成功」とは子どもの問題ではなく、親の問題だと私は捉えています。

なぜなら、わが子が世の中で立派だと評価される職業に就いたとしても、家庭がぎくしゃくしていたり、仕事の重圧に苦しんでいたりしては決して幸せとはいえないからです。

子どもが不幸な状態になってしまっても、世間的評価が良ければ「子育て成功」といえるのでしょうか。

悲しいことに、世間からの評価を優先させてしまう親御さんがあとをたちません。親の顔色を見ながら進学先や職業を決める。親の満足の裏で自分らしく生きることができず辛い思いをしている子どもたちを見て、胸が詰まることも度々ありました。

幼い頃から「あなたのため」と言われ続け、遊びたい気持ちを我慢して、机に向かわざるを得なかった子もいます。「あなたのため」ではなく「あなたが頑張ってくれたお陰で自慢でききました。失っていた自信を取り戻せました。ありがとう」と言ってくれたら少しは気が済むのに、と言っていた子もいました。

子どもの笑顔や心の充足こそが、親の喜びにつながる子育てができれば、間違いはありません。単純なことのように思えますが、親というものは、子どもの成長につれて無意識に欲張りになっていくものなのです。

幸せの青い鳥はすぐそこにいます。幸せ母さんを実現してあなたも、そして、あなたのお子さんも素敵な人生を歩んでいってくださいね！

「幸せな子育てができますように」――。
あなたへの祈りと願いを込めて、したためました。

読者の皆さまへ　～優香さんからのメッセージ～

私は、お母さんたちとの出会いを通して、たくさんのことを学ばせていただきました。とりわけ、優香さん（仮名）との出会いは、これまでとはちがった「学び」となりました。

優香さんからのメッセージ、そして彼女との関わりで得た「貴重な気づき」を、ぜひ皆さまと共有したいという思いから、ここに優香さんのお話を記すことにしました。

優香さんとの出会いは、４年前の春。当時６年生になる直前の長男、武君（仮名）の中学受験の指導を頼まれたのがきっかけでした。武くんには６歳離れた年中の妹、敏子ちゃん（仮名）がおり、優香さんは子ども思いの優しいお母さん。明るくて、聡明で、アイドルのように可愛く、じきに乳がんを患っていることを知るのですが、大病をされているとは思えないほどハツラツとして、健康そのものに見えました。

ただひとつ、普通のお母さんとちがうのは、病気のことがあるので、武くんの進学がとても気になっている点でした。これまでの通院や入院生活のなかで、武くんの勉強は手つかずの状態。入試までラスト10カ月。中学受験にしては遅いスタートですが、自分の行く末がわからないので、できれば大学付属の中学校に入学させたいとのことでした。

ところが優香さんの心配をよそに、武くんは知的関心が高く、勉強が得意だったので、理科・社会に関しては勉強の進め方を指導するだけでメキメキと伸びていきました。国語に関しては、文章読解のコツを数回教え、算数を主に指導を進めることに。4年生で習う「つるかめ算」からスタートし、はじめて受けた4月の模試では、算数の偏差値は37でしたが、10月には51に。さらに年末になって勢いをつけ、第一志望の中学校に見事合格できました。

合格発表当日、声を弾ませて報告してくれた優香さん。

「武がぴょんぴょん飛び跳ねて、とても喜んでいます。こんなに喜んだ武を見るのは生まれてはじめてです」

武くんもお母さんの病状を感じ取り、安心させることができたという喜びがあったのでしょう。中学に進学すると、膨大な課題にも真面目に取り組み、トップクラスの成績を維持していました。

しかし、すくすくと素直に成長する武くんとはうらはらに、優香さんの体は病魔に蝕まれていきました。

常時襲ってくる痛みや吐き気、苦しみ。それに耐えながらも、親として子どもたちを十分にサポートできないことへの葛藤や憤り。自分がいなくなったあとの子どもたちの生活の心配や、成長を見届けられない無念さ。この先の自分の体に対する不安や死の恐怖にさいなまれ、必死に闘う日々――。

一時入院中、ふたりきりの病室では、その思いを私にぶつけてくれました。

「武とまだ幼い敏子。ふたりの子どもたちと〝永遠にさよなら〟をしなくてはならないと思うと、辛くて……。死んでしまったらもう二度と……二度と子どもたちに会うことはできなくなるんですよね」

病室の窓から、悲しいほどに晴れた空のかなたを見つめ、まるで近い未来、どこか遠くの、気の遠くなるほど遠くの、どこかへ旅立たなくてはならないことを惜しむかのようにつぶやきました。

私はかける言葉が思い当たらず、ただただ聞くことしかできない無力さに打ちひしがれました。帰る気配を察すると涙を流す優香さんに、私も胸が張り裂けんばかり。

「子どもと永久に会えなくなる」

これまでの人生で考えたこともありませんでしたが、親にとってこれほど辛いことがあるでしょうか……。病室をあとにするや否や私も涙が止まらなくなり、何とも筆舌に尽くしがたい気持ちに襲われました。

それでも、ふと未来の話になると目の当たりにしたのは、子どもたちの健やかな成長を願う母親の覚悟と愛情と強さでした。

一時入院期間を終え、自宅に戻ると、また家事や子どもたちのことに精を出す日々が始まります。

「体に鞭を打ってお弁当を作ったのに武は、『あれっ？　今日はお弁当、いらない日だったんだ！』とのんきに言うんですよ」と笑って話す優香さん。家に行くと小綺麗になっています。相当な無理をしながらも、体が動く限り母としてできることをしてやりたいという、子を思う深い愛情が切ないほど感じられました。

やがて、優香さんの体は食べ物を受けつけなくなり、緩和ケアに入院することに……。苦しみや痛み、倦怠感や吐き気などの辛い症状と闘いながら、一日のほとんどを寝て過ごすひとりの時間。

私は、いつ、どこにいても、「今どうしているんだろう……」という思いに駆られ、落ち着かない日が続きました。

唯一できることは、ＬＩＮＥを交わすことと、病院に足を運ぶこと。指導で来た武くんにご飯を用意しては、ＬＩＮＥでその様子や写真を送ると、優香さんから喜びのメッセージが返ってくるのが救いでした。

しかし、優香さんの病状は、時間の経過とともにさらに悪化していきました。全身に転移したがんのせいで、モルヒネを使っても痛みが取れず、辛い日々が続きます。

いよいよふたりで会う最後となった日――。

眠れぬ夜に、いろいろな思いに駆られたことを話してくれました。

「もう、私の体は使いものにならなくなってしまいました。がんと強いモルヒネのせいでボロボロです。吐き気や痛みに耐えてやり過ごす毎日です。がんが脳にまで転移して、じきにもう片方の目も見えなくなるそうです。そしたら先生とのＬＩＮＥもできなくなりますが……。

夢を幾度となく見ては、『病気が治った！　今までのは悪夢だったんだ!!　子どもたちと一緒にいられる！』と思うのですが、やがて夢から覚めて辛い現実に戻ってしまいます。今となっては子どもたちに何ひとつしてやれません。

子どもたちはこの先、どのように成長していくんだろう、困るようなことがあったらどうしよう、大丈夫かな……って考えちゃうんです。

でも、しょうがないですね……。

先生、何かあったら子どもたちのこと、よろしくお願いします」

「もちろんです。できることは何でもさせていただくつもりです」

そう伝えると、ホッと安心したような笑みを見せてくれました。そして、最後の力を込めて、ゆっくり、丁寧に話しはじめました。その内容は、私をふくめ、これから生きていくお母さんたちに向けての、励ましや愛を込めたメッセージに他なりません。

「子育てにはいろいろなことがありました。毎日お弁当を作り、掃除をし、片付けをし、宿題をやらせ……。その時は必死でした。

毎日が慌ただしく過ぎていき、思うようにならなくてヤキモキしたこともたくさんありました。

でも……、今思うと、ひとつひとつがとても幸せなことだったんです。今になってわかったことがたくさんあり過ぎて……。

先生、辛い思いをなさっているお母さんがいましたら、先生からそのことを伝えて、励まし、勇気づけてあげてもらえませんか」

途中途中、苦しくて何度も中断しながら、そして、涙をぬぐいながら、精一杯の力を込めて伝えてくれました。すっかり細くなってしまった彼女の手を取り、大きくうなずくと、優香さんは安堵した表情を浮かべ、目を閉じました。

残されたわずかな時間、そして、最後の力を振り絞って私に願い出た言葉。

「子どもと過ごせる時間、そしてお世話ができるひとつひとつの幸せを、子育てで辛い思いをしているお母さんに伝え、励まし、勇気づけること」

それこそが、最後の優香さんの希望。たったひとつの小さくも大きな希望でした。

私は、新たな覚悟とともに病室を出ました。

そして3週間後、コロナウイルスが流行りだした2月はじめに、優香さんは眠るように息を引き取ったのです。

武くんは現在高校1年生になり、素直で優しい好青年に。妹の敏子ちゃんは小学4年生になり、活発で元気いっぱいな愛らしい女の子に成長しました。

生前、優香さんがよく

「武はおとなしくて本を読んだりするのが大好き。敏子は体力が余っていて水泳や外遊びをしないと夜寝ないんですよ～。きょうだいでもちがうんですね！」

と懐かしむかのように、笑顔で話していたのがとても印象に残っています。そして、最後の最後まで子どもたちのことを気にかけていました。

子どもたちに何もしてやれないことは、親にとって無念そのものです。どれほど子どもたちの成長を見届けたかったことでしょうか。

子育ては、難しく、大変なことがたくさんあります。加えて家事があり、仕事をしている人も多く、ときに、いっぱいいっぱいになったり、行き詰まってしまったりすることもあるでしょう。また、人によっては辛い境遇のなかでの子育てもあるかと思います。

でもそのなかに、ふとした喜びや小さな幸せもたくさんあるのではないでしょうか。そして何より、子どもたちの成長を見届けられるのは、親として最高の楽しみであり、希望なのです。

余命を宣告されたときに「したいこと」は人それぞれでしょう。日本を車いすで縦断したい、家族で海の見える所に旅行したいなど。

優香さんの場合は、「子どものためにできること」でした。部屋を片付けたり、お弁当を作ったり、車で迎えにいったりと、平凡過ぎるくらい平凡なことでした。

でも、私が優香さんだったら同じことをしていたのではないかと思います。

いいえ、私だけでなく、幼い子どもをもつお母さんの多くは、そうだと思います。

親であれば、ちょっとしたほんの小さなことでも、「子どものためにできること」が、残された貴重な時間のなかで唯一したいことであり、最高の喜びなのだと。

「親にとっての最高の喜びは、何か特別なものではなく、平凡な生活のなかにあった」という、大きな気づきを優香さんとの出会いによって私は得ました。

それからは、子どものお弁当を作るときも、掃除をするときも、気持ちが180度変わりました。

「やらなければ!」という意識から「豊かな時間」に変わったのです。やっつけ仕事だった家事のひとつひとつを丁寧に。そして、心を込めてできるようになりました。

現在は、コロナウイルスが蔓延し、不便で辛い生活を強いられている方も多いでしょう。

けれども、収束すれば生活はまた変化します。一筋の希望はあるのです。何よりも、お子さんと一緒に未来を歩んでいけるのです。

大変なときや辛いときは、一度原点に戻って「子どもの成長を見届けられる喜びや、子どものためにしてやれる喜び」を感じていただきたく、優香さんのお話をさせていただきました。

ふわっと私の目の前に舞い降り、勇気づけ、励ましやねぎらい、優しい言葉をかけ、そして旅立ってしまった女神のような優香さん。彼女を思うと、何が起こっても「所詮小さなこと」と気持ちを強くもてます。

優香さんの思いと思い出は、私の心のなかで生き続けることでしょう。

おわりに

学習の成果を上げるためにはお子さんのメンタルを、そして、お子さんのメンタルを改善するために、親のメンタルを……ということで、指導のみならず、深く関わり支えるのが私の仕事でした。が、私は支える立場だけでなく、支えられる立場でもあったのです。

優香さんをはじめ、お母さんたちからのメッセージやお手紙に、どれほど癒やされ、励まされ、勇気づけられたのかは図り知れません。

また、多くのお母さんの懸命に子育てする姿勢や意識は、自身の子育てにおいても大きな影響を受け、今の私があります。

いくら感謝しても感謝しきれません。その恩返しとして、子育てで困っている方に子育ての本質とコツを伝え、この先も一生をかけて教育の事業をまっとうしていきたいと思っています。

イラスト・漫画を担当した若野ひとみさんは、小学校から今まで一緒に過ごしてきた親友であり同志で、指導や教育の研究をともにしてきました。彼女のサポートがあったからこそ、この本を作るまでに至りました。彼女と私の「教育」に関する関心と熱意は一生変わらないでしょう。

そして、制作にご協力いただいた、佐藤雅美さん、島田勝正さん、編集の小田島香さんや、温かい目で見守ってくださった1万年堂出版の皆さま。広い心で励まし支えてくださり、ありがとうございます。心から感謝いたします。

そして、読者の皆さまへ。

「ないこと」や「できないこと」に囚われず、「あること」や「できること」に気持ちをシフトして、一日一日を丁寧に、そして、心豊かに、大切にしながら、ハッピーに過ごしてくださいね。

お読みくださってありがとうございます。

本書があなたとお子さんの未来を明るく照らす一助となりますよう、心より祈念いたします。

〈著者プロフィール〉

阿部　順子（あべ　じゅんこ）

阿部教育研究所代表　受験・学習のメンタルコーチ、心理カウンセラー
大学時代から家庭教師を務め、銀行に勤務したのち教育の分野に戻る。平成9年「ジュニアメイト学習教室」をオープン。18年間塾経営に携わり、有名私立中学校の合格者を多数輩出してきた。「学習効果を上げるためにはメンタルの安定が不可欠」という独自の観点に基づき、平成28年「阿部教育研究所」を設立。志望校への合格や成績向上に向けた指導だけでなく、やる気がない、勉強が嫌い、発達障がい、個性が強い子どもの指導や、親子関係の改善を図った数多くの実績がある。指導のわかりやすさと子どもと保護者の気持ちに寄り添ったアドバイスに定評がある。平成23年11月より、日本経済新聞（土曜日刊）にて教育に関するコラム『親和力』を連載（全43回）。平成26年より子どもと勉強に関する講演会を毎年開催。現在4人の男の子を育てている。

著書へのメッセージは阿部教育研究所にお便りをお寄せください。お返事は致しかねますが、丁寧に心を込めて読ませていただきます。

◀阿部教育研究所ホームページ

阿部教育研究所　〒112-0011
東京都文京区千石4-29-8　阿部ハイム401

〈イラストレータープロフィール〉

若野　ひとみ（わかの　ひとみ）

フリーイラストレーターとして雑誌、広告で活動中。一方で、長年の家庭教師経験を生かし、阿部順子とともに受験や親子関係の研究をしつつ、阿部教育研究所の運営や、中学・高校受験の指導、カウンセリング、講演会の講師をしている。現在2人の女の子を育てている。

〈装幀・デザイン・DTP〉　株式会社RUHIA

子どもを伸ばす母親力の磨き方

令和２年(2020)　9月14日　第１刷発行

著　者　阿部　順子
発行所　株式会社　１万年堂出版
〒101-0052　東京都千代田区神田小川町2-4-20-5F
電話　03-3518-2126　　FAX　03-3518-2127
https://www.10000nen.com/

製　作　１万年堂ライフ
編　集　小田島 香
印刷所　中央精版印刷株式会社

©Junko Abe 2020 Printed in Japan　ISBN978-4-86626-059-4 C0037
乱丁、落丁本は、ご面倒ですが、小社宛にお送りください。送料小社負担にてお取り替えいたします。
定価はカバーに表示してあります。